# Dialektische Theologie

# Große Texte der Christenheit

## 3

Herausgegeben von
Dietrich Korsch und Johannes Schilling

Karl Barth

# Dialektische Theologie

Not und Verheißung der christlichen
Verkündigung

Das Wort Gottes als Aufgabe der Theologie

Herausgegeben und kommentiert
von Dietrich Korsch

EVANGELISCHE VERLAGSANSTALT
Leipzig

Bibliographische Information der Deutschen Nationalbibliothek
Die Deutsche Nationalbibliothek verzeichnet diese Publikation in
der Deutschen Nationalbibliografie; detaillierte bibliografische Daten
sind im Internet über ‹http://dnb.dnb.de› abrufbar.

© 2018 by Evangelische Verlagsanstalt GmbH, Leipzig
Printed in Germany

Das Buch wurde auf alterungsbeständigem Papier gedruckt.

Cover: Makena Plangrafik, Leipzig
Satz: Evangelische Verlagsanstalt GmbH, Leipzig
Druck und Binden: CPI books GmbH, Leck

ISBN 978-3-374-05626-2
www.eva-leipzig.de

# Vorwort

Karl Barth ist am 10. Dezember 1968 in Basel, seiner Geburtsstadt, gestorben. Die Anfänge seiner Theologie liegen zu diesem Zeitpunkt schon mehr als fünfzig Jahre zurück. Damit begleitet das theologische Werk Barths die elementaren historischen Etappen des 20. Jahrhunderts: das Ende des Ersten Weltkriegs und die nachfolgende brüchige Neuordnung Deutschlands und Europas, den Aufstieg des Nationalsozialismus und die Katastrophe des Zweiten Weltkriegs, die Blockbildung des Kalten Krieges in den 1950er und 1960er Jahren.

Barths Theologie war, gerade in ihrer Konzentration auf das Wort Gottes, stets eine ihrer historischen Situation bewusste Theologie. Denn sie ist aus der Lage der christlichen Religion im Umbruch zum 20. Jahrhundert erwachsen, und sie hat sich, darauf reagierend, auf den Ursprung des Glaubens aus dem Wort Gottes eingestellt. Wie dieser Ursprung beschaffen ist und welche Herausforderungen für die Theologie sich daraus ergeben, davon vermitteln die beiden im Folgenden edierten Texte einen Eindruck. Sie sprechen nicht nur eine lebendige, die Hörer und Leser mitreißende Sprache, sie entfalten auch das theologische Programm im Ausgang von der christlichen Verkündigung als gelebter Praxis der Religion und richten die Theologie auf ihre Aufgabe aus, von der Wirklichkeit des Wortes Gottes Zeugnis zu geben.

Die hier zu Beginn des 20. Jahrhunderts erfolgte Weichenstellung für das Christentum hat dessen Geschichte bis heute mitbestimmt: Teil der abendländischen Kultur in ihren Leistungen und Krisen zu sein und sich zugleich in ein kritisches Verhältnis dazu zu setzen. Auch heute gibt es gute Argumente dafür, die Selbständigkeit des christlichen Glaubens aus seinem Ursprung zu gewinnen. Wie das geschehen kann, dafür geben insbesondere diese Texte von 1922 deutliche Hinweise. Die Edition der Texte folgt der Ausgabe in Karl Barth, Vorträge und kleinere Arbeiten 1922–1925, hrsg. von Holger Finze, Zürich 1990, 65–97.144–175 (Karl Barth Gesamtausgabe III.3). Sie ist entlastet von dem dort gegebenen ausführlichen Apparat, der für wissenschaftliches Arbeiten mit den Texten unverzichtbar ist. In Fußnoten werden zitierte Bibelstellen nachgewiesen sowie fremdsprachliche Wendungen übersetzt. Das Namensregister enthält die nötigen Informationen zu den in den Texten genannten Personen. Zur Stellung beider Texte im Werk Barths sei auf meinen Kommentar in der Ausgabe: Karl Barth, Schriften, 2 Bde., Frankfurt am Main 2009, 1039–1249 hingewiesen. Im Anhang dieses Bandes werden Hinweise zur weiteren Lektüre von Barths Theologie gegeben.

Herzlich danke ich Julius Schilling, Student an der Universität Leipzig, der mir als erster Leser dieses Textes wichtige Hinweise für genauere Ausführungen und bessere Verständlichkeit gegeben hat.

Gewidmet ist dieses Bändchen dem Andenken meines Lehrers Hans-Georg Geyer (1929–1998), der es in Wuppertal, Bonn, Göttingen und Frankfurt vermochte, vielen Studierenden, darunter auch mir, die gedankliche Schärfe, die theologische Dichte und die geistliche Nähe der Theologie Karl Barths zu vermitteln.

Dietrich Korsch
März 2018

# Inhalt

Karl Barth 1922
© KBA-9025-013

# A
# Die Texte

# Not und Verheißung der christlichen Verkündigung

Die freundliche Einladung, die Herr Generalsuperintendent
D. Jacobi zur heutigen Tagung[1] an mich hat ergehen lassen,
enthielt die Aufforderung, Ihnen eine »Einführung in das
Verständnis meiner Theologie« zu bieten. Es macht mich immer ein wenig verlegen, so ernsthaft von »meiner Theologie«
reden zu hören. Nicht etwa darum, weil ich meinte, was ich
treibe, sei etwas Anderes, Besseres als eben schlecht und recht
Theologie. Die Kinderkrankheit, mich der Theologie zu schä-
men, meine ich einigermaßen überstanden zu haben. Einige
von Ihnen kennen sie vielleicht auch und haben sie vielleicht
auch schon überstanden. Wohl aber darum, weil ich mich etwas betroffen fragen muß, in was denn eigentlich meine
Theologie bestehen möchte, wo denn nun die Kathedrale
oder Festung sein könnte, die diesen Namen verdiente und in
deren Verständnis ich Sie – an Hand eines Grundrisses etwa –
»einführen« könnte. Ich habe genug darunter zu seufzen, daß
es so ist, aber ich muß Ihnen offen gestehen, daß das, was ich
»meine Theologie« allenfalls nennen kann, wenn ich genau
zusehe, schließlich in einem einzigen Punkt besteht, und das
ist nicht, wie man es von einer rechten Theologie als Minde-
stes verlangen dürfte, ein *Stand*punkt, sondern ein *mathe-
matischer* Punkt, auf dem man also nicht stehen kann, ein

---

[1]    Pfarrertag des Sprengels in Schulpforta, sächsische Fürstenschule seit 1543,
       am 25. Juli 1922.

*Gesichts*punkt bloß. Alles übrige, was zu einer rechten Theologie gehört, ist bei mir ganz in den Anfängen, und ich weiß nicht, ob ich je darüber hinauskommen werde, ja ob ich es nur wünschen soll, darüber hinauszukommen. Ich maße mir also wirklich nicht an, dem, was die großen ehrwürdigen Schöpfer theologischer Programme und Systeme geleistet haben und noch leisten, etwas Ebenbürtiges oder auch nur Kommensurables zur Seite zu stellen. Fassen Sie meinen Beitrag zur theologischen Diskussion und auch das, was ich heute sagen möchte, nicht als ein Konkurrenzunternehmen zur positiven, liberalen, Ritschl'schen oder religionsgeschichtlichen Theologie auf, sondern als eine Art *Randbemerkung* und Glosse, die sich mit jenen allen in ihrer Weise verträgt und auch nicht verträgt, die aber nach meiner eigenen Überzeugung ihren Sinn in dem Augenblick verliert, wo sie mehr als das sein, wo sie Raum ausfüllend als neue Theologie neben die andern treten wollte. Sofern Thurneysen, Gogarten und ich wirklich im bekannten Sinn des Worts »Schule machen« sollten, sind wir erledigt. Meine Meinung ist wirklich die, es möchte jedermann in seiner Schule und bei seinen Meistern *bleiben*, nur vielleicht als *Korrektiv*, als das »bißchen Zimt« zur Speise, um mit Kierkegaard zu reden[2], sich gefallen lassen, was allenfalls in jener Randbemerkung Erhebliches enthalten ist. »Meine Theologie« verhält sich zu den andern richtiggehenden Theologien etwa so wie die Brüdergemeine zu den andern richtiggehenden Konfessionen und Kirchengemeinschaften; sie will jedenfalls auch keinen neuen eigenen Tropus bilden. Aber nun muß ich schon die zweite Bitte ausspre-

---

[2]   S. Kierkegaard, Buch des Richters. Seine Tagebücher 1833–1855 im Auszug, übers. und hrsg. von H. Gottsched, Jena/Leipzig 1905, S. 99 f. / Die Tagebücher, hrsg. v. H. Gerdes, Bd. 5, Düsseldorf 1974, 94.

chen, es mir auch nicht als Hochmut und Einbildung aus-
zulegen, wenn ich mich so weigere, in die Reihe gestellt zu
werden. Ich weiß ja, daß man nicht in der Luft stehen kann,
sondern, ob man will oder nicht und wäre es auch nur mit
einem Fuß, immer irgendwo auf der Erde steht. Ich weiß, daß
ich nicht der erste und nicht der einzige bin, dem eine theologia viatorum[3] quer hindurch durch die vorhandenen theologischen Möglichkeiten zur Linken, zur Rechten und in der
Mitte, alle verstehend, alle umfassend und alle überwindend
als das Ziel seiner Sehnsucht vorschwebt. Wer möchte heute
nicht irgendwie »über den Richtungen« stehen? Ich weiß
auch das, daß es noch keinem von diesen wirklichen oder ver-
meintlichen theologi viatores[4] – wenn die Götter ihn nicht so
sehr liebten, um ihn früh sterben zu lassen – gelungen ist, seinen Lauf zu vollenden, ohne daß er eben doch, wenn auch
nicht eine Kathedrale oder Festung, so doch ein Zigeunerzelt
irgendwo errichtet hätte, das dann, ob es ihm recht war oder
nicht, statt als Glosse als Text, als eine *neue* Theologie aufge-
faßt worden ist. Kierkegaard selber, diesem verwegensten
Springer auf dem Schachbrett, ist es nicht anders ergangen.
So werden »wir« es uns wohl gefallen lassen müssen, daß in
den Augen Vieler auch jetzt nichts weiter geschieht, als daß
eine etwas wunderliche weitere Theologie auf den Plan getre-
ten ist, geistigen Raum ausfüllend, historische Breite gewin-
nend, fragwürdig genug neben ihren alten und neuen, so viel
stattlicheren Nachbarn, wahrscheinlich so etwas wie mystischer oder auch biblizistischer Neu-Supranaturalismus, um
nicht zu sagen Neu-Marcionitismus. Wir können nicht ver-

---

3    Theologie der Wanderer, aufs göttliche Ziel hin unterwegs.
4    Theologen als Wanderer.

hindern, daß es so aussieht, wir können nur, wenn es sich darum handeln sollte, das, was man da sieht, verstehen zu wollen, versichern, daß wir nicht von der Absicht und Vorbereitung eines solchen Schul- und Systembaus herkommen, sondern – nun eben von der *»Not und Verheißung der christlichen Verkündigung«*, von der ich heute zu Ihnen sprechen möchte.

Darf ich Ihnen das etwas erklären? Es gehört zur Sache. Ich war 12 Jahre Pfarrer wie Sie alle und *hatte* meine Theologie, nicht die meinige natürlich, sondern die meines unvergessenen Lehrers Wilhelm Herrmann, aufgepfropft auf die mit meiner Heimat gegebene und mehr unbewußt als bewußt übernommene reformierte Richtung, die ich ja heute auch von Amts wegen zu vertreten habe und gerne vertrete. *Unabhängig* von diesen meinen theologischen Denkgewohnheiten bin ich dann durch allerlei Umstände immer stärker auf das spezifische *Pfarrer*problem der *Predigt* gestoßen worden, suchte mich, wie Sie das ja sicher alle kennen, zurecht zu finden zwischen der Problematik des Menschenlebens auf der einen und dem Inhalt der Bibel auf der andern Seite. Zu den *Menschen*, in den unerhörten Widerspruch ihres Lebens hinein sollte ich ja als Pfarrer reden, aber reden von der nicht minder unerhörten Botschaft der *Bibel*, die diesem Widerspruch des Lebens als ein neues Rätsel gegenübersteht. Oft genug sind mir diese beiden Größen, das Leben und die Bibel, vorgekommen (und kommen mir noch vor!) wie Skylla und Charybdis: Wenn *das* das Woher? und Wohin? der christlichen Verkündigung ist, wer soll, wer kann da Pfarrer sein und predigen? Ich bin überzeugt, Sie alle kennen diese Lage und diese Plage. Viele von Ihnen kennen sie vielleicht *schweigend* viel tiefer, stärker und lebendiger als ich, und ihnen habe ich eigentlich heute nichts Wesentliches zu sagen, sie sind in meine Theologie schon eingeführt. Während sie schwiegen, habe ich *geredet*. Schweigen hat seine Zeit, und Reden hat seine Zeit. Ich überschätze den Wert der Möglichkeit, das Reden zu wählen, nicht, habe mir auch schon gewünscht, geschwiegen zu haben. Aber es war nun einmal so: die bekannte Situation des Pfarrers am Samstag an seinem Schreibtisch, am Sonntag auf der Kanzel verdichtete sich bei mir zu jener Randbemerkung zu aller Theologie, zuletzt in der voluminösen Form eines ganzen Römerbriefkommentars, und ähnlich ist es meinen Freunden ergangen. Nicht als ob ich etwa einen *Ausweg* gefunden hätte aus jener kritischen Situation, *gerade das nicht*, wohl aber wurde mir eben diese kritische Situation selbst zur Erläuterung des Wesens aller Theologie. Was kann Theologie anderes sein als der Ausdruck dieser auswegslosen Lage und Frage des Pfarrers, die möglichst wahrhaftige Beschreibung des Gedränges, in das der Mensch kommt, wenn er an diese Aufgabe sich heranwagt, ein Ruf also aus großer Not und großer Hoffnung auf Errettung? Was kann sie anderes tun zur Erfüllung ihrer *kulturellen* Aufgabe sowohl – und Theologie hat eine solche – wie ihrer *pädagogischen*, den ahnungslos-ahnungsvollen Jünglingen gegenüber, die beschlossen haben, »Pfarrer zu studieren«, wie man bei uns sagt – was kann sie anderes tun, als sich bei der Bearbeitung ihrer traditionellen historischen, systematischen und praktischen Stoffe dieses ihres innersten wahrhaftigsten Wesens immer wieder bewußt zu werden? Oder welche Situation ist etwa für den Beruf, auf den sie vorbereiten will, bezeichnender als *diese*? Aber wie kommt es nun, daß man dem theologischen Betrieb so wenig anmerkt davon, daß er auf *diesen* Beruf, der in *diese* Situation führt, vorbereitet? Wie kam es nur, mußte ich mich fragen, daß das schon mit der Existenz des Pfarrers gesetzte Frage- und Ausrufezeichen in der Theologie, die ich kannte, sozusagen gar keine Rolle spielte, so daß ich, als ich Pfarrer wurde, von der Wahrheit überfallen werden mußte wie von einem gewappneten Mann? War denn meine Frage wirklich nur *meine* Frage, und *wußten* denn etwa andre den Ausweg, den ich nicht fand? Ich sah sie wohl Auswege gehen, aber solche, die ich als Auswege nicht anerkennen konnte. Aber warum suchten dann die mir bekannten Theologien jene Situation, wenn sie sie überhaupt berührten, als erträglich und überwindbar darzustellen, statt sie vor allem einmal zu *begreifen*, ihr ins Gesicht zu sehen und – dabei vielleicht zu entdecken, daß der Theologie eigenster Gegenstand sich gerade in dieser Situation in ihrer ganzen Unerträglichkeit und Unüberwindbarkeit manifestiert? Sollte es sich nicht lohnen, fragte ich mich weiter, sich zu überzeugen, was für ein Licht alle Theologie gerade von *hier* aus empfängt? Wäre es der Theologie nicht zu ihrem eigenen Heil besser, sie wollte am Ende nichts anderes sein als das Wissen um die not- und verheißungsvolle Lage und Frage des christlichen Verkündigers? Müßte sich nicht alles Weitere von selbst aus diesem Wissen ergeben? Bedrängt von dieser Frage – und ich frage nochmals: ist das bloß *meine* zufällige Frage? – habe ich mich seinerzeit an die Arbeit am Römerbrief gemacht, die anfänglich nur ein Versuch sein sollte, mich mit mir selbst zu verständigen. Natürlich steht nun sehr viel scheinbar ganz anderes in dem Buch: neutestamentliche Theologie, Dogmatik, Ethik, Philosophie. Aber am besten verstehen Sie es dann, wenn Sie aus allem immer wieder den Pfarrer heraushören, mit seiner Frage: was heißt predigen?, und – nicht: wie *macht* man das?, sondern: wie *kann* man das? Das andre, was darinsteht, ist schon Reflex, nicht selber das Licht, auf das ich mich hingewiesen sah und hinweisen möchte. Und so kam es denn zu dem, was sich jetzt als »meine Theologie«, sagen wir einmal als »Theologie des Korrektivs« schon ein wenig breit machen will.

Ich sage Ihnen das alles nicht, um Sie mit meiner Biographie zu behelligen, sondern um Ihnen zu zeigen, inwiefern meine Absicht, wenigstens primär, nicht eine neue Theologie, sondern eine sozusagen von außen an die Theologie herankommende *Beleuchtung* ist, und zwar eine Beleuchtung gerade von dorther, wo Sie, vielleicht nicht als Theologen, aber sicher als Pfarrer ohnehin stehen. Es scheint mir, es *könne* gar nicht anders sein, als daß wir uns heute verstehen, wenn Sie mir zunächst einmal dies Eine abnehmen, daß ich im *Grunde*, wohlverstanden, wenn Sie den Humor haben, über einiges Zufällige freundlich *hinweg*zusehen, nicht mit einer neuen erstaunlichen Theologie bewaffnet daherkomme, sondern, welches auch *Ihre* Theologie sein möge, einfach mit Verständnis und Teilnahme für Ihre Lage als Pfarrer *neben* Sie treten möchte. Fassen Sie es darum richtig auf, wenn ich heute mehr als Pfarrer zu Kollegen, denn als Professor zu Ihnen rede. Nach der Lage der Sache ist zweifellos *das* die sinngemäße Ausführung des mir gewordenen Auftrags. Habe ich nicht nur einen *Gesichts*punkt, sondern etwa auch einen *Stand*punkt, so ist es einfach der wohlbekannte des Mannes auf der Kanzel, vor sich die geheimnisvolle Bibel und die geheimnisvollen Köpfe seiner mehr oder weniger zahlreichen Zuhörer – ja was ist nun geheimnisvoller? Auf alle Fälle: *Was nun?* Wenn es mir gelingen sollte, Ihnen dies »Was nun?« in seinem ganzen Gehalt wieder einmal akut in Erinnerung zu rufen, so habe ich Sie nicht nur für meinen *Stand*punkt, der ja ohnehin der Ihrige ist, sondern auch für meinen *Gesichts*punkt gewonnen, was Sie auch von meiner Theologie halten mögen.

Wenn am Sonntag morgen die Glocken ertönen, um Gemeinde und Pfarrer zur Kirche zu rufen, dann besteht da offenbar die *Erwartung* eines großen, bedeutungsvollen, ja entscheidenden *Geschehens*. Wie stark diese Erwartung in den etwa beteiligten Menschen lebt, ja ob da überhaupt Menschen sind, die sie bewußterweise hegen, darauf kommt jetzt gar nichts an. Die Erwartung besteht, sie liegt in der ganzen Situation. Da ist eine uralte ehrwürdige *Institution*, oft und schwer angegriffen von außen und noch öfter und schwerer kompromittiert von innen, aber von unverwüstlicher Lebens- oder sagen wir Daseinskraft, wandlungsfähig und beharrlich zugleich, altertümlich und in der Regel auch modern (was jeweilen gerade modern heißt), obwohl sie beides nicht gerne Wort haben will, den schwersten intellektuellen, politischen, sozialen und sogar religiösen Erschütterungen bis jetzt siegreich gewachsen – und wie sollte sie es nicht auch in Zukunft sein? Ihr Vorhandensein begründet auf einen Anspruch, der in groteskem Widerspruch zu stehen scheint mit den Tatsachen und dessen Berechtigung und Möglichkeit doch eigentlich nur ganz Wenige und wenig Beachtliche etwa laut und unzweideutig und restlos zu leugnen wagen. Da ist ein *Gebäude*, dessen Bauart schon, auch abgesehen von den Symbolen, Bildern und Geräten, mit denen es geschmückt ist, in der Sprache alter oder neuer Architektenkunst verrät, daß es als Schauplatz außerordentlicher Dinge gedacht ist. Da sind *Menschen*, nur 2–3 vielleicht, wie es ja hierzulande vorkommen soll, aber vielleicht auch einige Hundert, die, von einem merkwürdigen Instinkt oder Willen getrieben, diesem Gebäude zuströmen, wo sie – *was* suchen? Befriedigung einer alten Gewohnheit? Ja, aber woher diese alte Gewohnheit? Unterhaltung und Belehrung? Eine sehr merkwürdige Unterhaltung und Belehrung auf alle Fälle! Erbauung? Ja, so sagt man, aber was heißt Erbauung? Wissen sie es etwa? Oder wissen sie sonst, warum sie da sind? Jedenfalls sie sind da – und wenn es nur ein altes Mütterchen wäre –, und ihr Dasein schon weist hin auf ein Geschehen, das sie erwarten oder doch zu erwarten scheinen, das hier mindestens, wenn denn alles tot und ausgestorben sein sollte, früher einmal erwartet worden ist. Und da ist vor allem ein *Mann*, auf dem die Erwartung des da scheinbar bevorstehenden Geschehens in ganz besonderer Weise zu ruhen, zu lasten scheint, nicht nur weil er die Technik dieses Geschehens studiert hat und beherrschen sollte, nicht nur weil er von der Gesellschaft besoldet und angestellt oder doch fast widerspruchslos geduldet ist in der Funktion, deren Sinn offenbar dieses Geschehen wäre – nein, da ist nicht nur Mechanik, da ist Freiheit im Spiel, er selbst hat ja diesen Beruf ergriffen, Gott weiß aus was für Verständnissen und Mißverständnissen heraus, aber doch so, daß es seine kurze, seine einzige Lebenszeit nun ganz und gar mit der Erwartung jenes Geschehens verknüpft hat. Und dieser Mann wird nun vor der Gemeinde und für die Gemeinde *beten*, wohlverstanden: beten – zu Gott! Er wird die *Bibel* öffnen und Worte voll unendlicher Tragweite daraus zur Verlesung bringen, Worte, die alle auf Gott sich beziehen. Und dann wird er auf die Kanzel steigen und – welches Wagnis auf alle Fälle! – *predigen*, d. h. aus seinem Kopf und Herzen etwas hinzufügen zu dem, was aus der Bibel verlesen ist, »biblische« Gedanken der Eine nach bestem Wissen und Gewissen, kühn oder auch matt an der Bibel vorbeiflatternde Gedanken der Andere: es hat ja der eine eine »positive«, der andere eine »liberale« Predigt gestern vorbereitet, aber verschlägt es so viel, wenn man den Gegenstand bedenkt? Von Gott scheint ja hier auf alle Fälle, nolens volens vielleicht, die Rede sein zu sollen. Und dann wird er die Gemeinde *singen* lassen, altertümliche

Gesänge voll schwerer, unheimlicher Gedankenfracht, seltsame gespenstische Zeugen der Leiden, Kämpfe und Triumphe der längst entschlafenen Väter, alle an den Rand eines unermeßlichen Geschehens führend, alle, ob Pfarrer und Gemeinde verstehen, was sie singen, oder nicht, voll Erinnerung an Gott, immer wieder an Gott. »Gott ist gegenwärtig!«[5] Ja, Gott *ist* gegenwärtig. Die ganze Situation zeugt, ruft, schreit ja offenbar davon, und wenn sie, vom Pfarrer oder von der Gemeinde aus gesehen, noch so fragwürdig, kümmerlich und trostlos wäre, ja dann vielleicht gerade am meisten, mehr noch als da, wo Fülle und – menschlich geredet – gutes Gelingen das Problem der Situation halb oder ganz verdecken.

Aber was bedeutet diese Situation? Was ist das für ein Geschehen, auf das die Erwartung, die sich in ihm widerspiegelt, hinweist? Was heißt »Gott ist gegenwärtig!« in diesem Zusammenhang? Offenbar nicht ganz dasselbe, wie wenn wir auf einen blühenden Kirschbaum, auf Beethovens neunte Symphonie, auf den Staat oder auch auf unser und anderer ehrliches Tagewerk solche Rede anzuwenden uns erlauben. Warum sonst die überflüssige Zurüstung? Warum das Besondere gerade *dieser* Situation, wenn hier nicht hingezielt wäre auf ein besonderes, spezifisches, kühner gemeintes: »Gott ist gegenwärtig!«? Ist's nicht so: Wenn die Menschen sich in *diese* Situation begeben, also in die Kirche kommen, dann haben sie, ob sie es wissen oder nicht, Kirschbaum, Symphonie, Staat, Tagewerk und noch einiges andre *hinter* sich als irgendwie erschöpfte Möglichkeiten. Die Antwort: Gott ist gegenwärtig, die in allen diesen Möglichkeiten zweifellos irgendwie gegeben ist, der Wahrheitsgehalt dieser Dinge, ihr

---

5    Gerhard Tersteegen, Gott ist gegenwärtig, EG 165.

Zeugnis von einem Sinn des Lebens, ist offenbar selbst wieder fraglich geworden, die großen Rätsel des Daseins: die unergründliche Stummheit der uns umgebenden sog. Natur, die Zufälligkeit und Dunkelheit alles dessen, was einzeln und in der Zeit ist, das Leid, das Schicksal der Völker und Individuen, das radikale Böse, der Tod, sie sind wieder da und reden, reden lauter als alles das, was uns versichern möchte, Gott sei gegenwärtig. Nein, die Frage läßt sich nicht mehr unterdrükken, sie wird brennend heiß: *Ob's denn auch wahr ist?* Wahr die Ahnung von einer Einheit des Zerstreuten, von einem ruhenden Pol in der Erscheinungen Flucht, von einer Gerechtigkeit nicht irgendwo hinter den Sternen, sondern in dem Geschehen, das nun einmal unser Leben ist, von einem *Himmel* über der Erde: *über* der Erde ja, aber über der *Erde?* Wahr die Rede von der Liebe und Güte eines Gottes, der mehr wäre als eines jener freundlichen Götzlein, deren Herkunft so leicht zu durchschauen ist, deren Herrschaft so wenig lang währt? *Ob's wahr ist?*, wollen die Menschen vernehmen, erkennen, wissen, und *darum* greifen sie, nicht wissend, was sie tun, nach der unerhörten Möglichkeit zu beten, die Bibel aufzuschlagen, von Gott zu reden, zu hören und zu singen. *Darum* kommen sie zu uns, begeben sich in die ganze groteske Situation des Sonntagmorgens, die ja nur der potenzierte Ausdruck dieser Möglichkeit ist. Wohlverstanden: vernehmen, erkennen, wissen wollen sie, also nicht nur Behauptungen und Beteuerungen hören, und wenn sie noch so innig und begeistert wären. Und vernehmen, erkennen, wissen wollen sie, *ob's wahr ist,* also nicht irgend etwas anderes, das wie die Katze um diesen heißen Brei herumgeht. Lassen wir uns nicht dadurch irre machen, daß uns dieses Begehren selten oder nie in dieser Dringlichkeit offen entgegen tritt. *Das* schreien die Menschen natürlich nicht einfach heraus und am wenigsten uns Pfarrern in die Ohren. Aber lassen wir uns nicht täuschen durch dieses ihr Schweigen, – Blut und Tränen, tiefste Verzweiflung und höchstes Hoffen, leidenschaftliches Verlangen, *das*, nein *den* zu fassen, der die Welt überwindet, weil er ihr Schöpfer und Erlöser ist, der Anfang und das Ende, der Herr der Welt, leidenschaftliches Verlangen, sich das *Wort* sagen zu lassen, *das* Wort, das Gnade im *Gericht* verheißt, Leben im *Tode,* Jenseits im *Diesseits, Gottes* Wort – das ist's, was hinter unsern Kirchgängern steht, mag uns das, was sie begehren, in der sog. Wirklichkeit noch so schläfrig, noch so bürgerlich, noch so gewöhnlich vorkommen. Es ist wirklich nicht ratsam, sich an das vorletzte und vorvorletzte Begehren der Menschen zu halten, und sie werden uns keinen Dank wissen, wenn wir es tun. Sie erwarten von uns, daß wir sie besser verstehen, als sie sich selber verstehen, ernster nehmen, als sie sich selbst nehmen. Nicht dann sind wir lieblos, wenn wir tief hineingreifen in die Wunde, mit der sie zu uns kommen, sondern dann, wenn wir sie bloß betippen, als wüßten wir nicht, warum sie zu uns kommen. Nicht dann geben wir uns einer Illusion hin, wenn wir annehmen, daß sie von den letzten schwersten Fragen herkommen, sondern dann, wenn wir meinen, sie könnten sich, wenn sic zu uns kommen, wirklich mit vorletzten, leichteren Antworten abspeisen lassen. O ja, sie tun es natürlich vorläufig; sie sind gerührt, erfreut, befriedigt, auch wenn sie das, was sie eigentlich suchen, nicht finden, sondern (in religiösen, christlichen, positiv-christlichen Formen vielleicht) das, was sie im Grunde besser auch anderswo finden könnten. Der Katholizismus ist das gewaltige Beispiel dafür, wie es allenfalls gelingen kann, die Menschen hinzuhalten, einzulullen, ihr eigentliches Begehren vergessen zu lassen durch Darbietung einer glücklich gewählten letzten Vorläufigkeit. Aber täuschen wir uns nicht:

*wir* sind nicht katholisch und unsre Gemeinden auch nicht, wir befinden uns in einem fortgeschrittenen Stadium der Situation, in dem uns die Verabreichung auch der bestgewählten Narkotika trotz aller rückläufigen Erscheinungen nur noch teilweise, nur noch kurzfristig gelingen kann. Glaubt es ihnen *nicht*, den Gutmütigen, die uns versichern, daß wir unsre Sache gut gemacht haben, auch dann, wenn unsre ganze Kunst darin bestanden hat, dem Sinn der Situation auszuweichen! Hört *nicht* auf sie, die Ängstlichen, die uns jammernd davor warnen, die Situation doch ja nicht etwa ernst werden zu lassen, doch ja nicht von unserm gewohnten Blind- zum Scharfschießen überzugehen! Es ist *nicht* die Stimme der Kirche Gottes, die aus ihnen redet! Der ernste Sinn der Situation bei *uns* ist der, daß die Menschen das *Wort* zu hören begehren, will sagen: die Antwort auf die Frage, *ob's wahr ist*, von der sie, ob sie es wissen oder nicht, bewegt sind. Die Situation am Sonntag morgen ist im wörtlichsten Sinn *end-geschichtlich*, eschatologisch, auch von den Menschen aus betrachtet, von der Bibel vorläufig noch ganz abgesehen; d.h. wenn diese Situation eintritt, dann ist die Geschichte, die übrige Geschichte zu Ende, und ein *letztes* Begehren des Menschen nach einem *letzten* Geschehen wird nun maßgebend. Verstehen wir dieses letzte Begehren nicht, nehmen wir die Menschen *nicht* ernst in der Bedrängnis ihrer Existenz, die sie zu uns geführt hat (ich wiederhole es: ernster, als sie sich selbst nehmen!), dann dürfen wir uns nicht wundern, wenn sie in ihrer Mehrzahl, ohne zu Kirchenfeinden zu werden, allmählich lernen, die Kirche links liegen-, uns mit jenen Gutmütigen und Ängstlichen allein zurückzulassen. Ist es etwa nur psychologisch bedingt, wenn immer wieder gerade auch aufgewecktere Pfarrers- und Theologensöhne zu diesem Heer der stillen Flüchtlinge stoßen, oder sollte es nicht auch daher kommen, daß sie aus der Nähe wissen: was man eigentlich sucht, das wird man bei uns schwerlich finden? Habe ich nicht wenigstens teilweise recht, wenn ich sage: Die Menschen sind eben *enttäuscht* von uns, und zwar die Gebildeten und die Ungebildeten, und zwar in ihrem Tiefsten enttäuscht; allzu oft sind sie, vielleicht schon seit Jahrhunderten, *abgespeist* worden, allzu oft ist, gerade in der wohlgemeinten Absicht, ihnen entgegenzukommen, an ihnen vorbeigeredet worden? Wäre es, statt aus vermeintlicher Menschenliebe auf immer neue Abspeisungen der Enttäuschten zu sinnen, nicht besser, einmal zu überlegen, ob sie nicht darauf warten, in der Kirche ganz einfach *ernster* genommen, besser *verstanden* zu werden in ihrer großen unstillbaren Lebensunruhe, als es ihnen in der Regel (im Gegensatz zur methodistischen, kommunistischen oder anthroposophischen Versammlung etwa) gerade hier widerfährt? Wunderlich genug, wie sie immer noch dadurch, daß sie sich von uns wenigstens taufen, konfirmieren, trauen und beerdigen lassen, zeigen, daß die Erwartung, die sie auf uns setzen, nicht ganz erloschen ist. Wunderlich genug, daß es immer noch sog. kirchliche Gemeinden und Gegenden gibt. Es wäre uns vielleicht besser, es gäbe sie nicht, damit wir endlich merkten, was die Glocke geschlagen hat. Wir sollten uns aber durch die Langmut Gottes, die uns Pfarrern vielfach noch in der Langmut, vielleicht auch bloß in der Schläfrigkeit unsres Publikums entgegentritt, nicht abhalten lassen von der Buße, die durchaus auch im Blick auf die Menschen heute das erste Gebot der Stunde sein könnte.

Aber das ist nur die eine Seite der Situation am Sonntag morgen, und die andre ist noch belangreicher. Sie besteht äußerlich darin, daß da die *Bibel* aufgeschlagen wird, wenigstens in unsern protestantischen Kirchen. – Es lohnt sich wohl, hier einen Augenblick stehen zu bleiben und uns klar zu machen, welch unermeßlich Gefährliches damit geschehen ist, daß die Reformatoren es gewagt haben, als Grund und Ziel der Kirche das in der Heiligen Schrift ausgesprochene Wort Gottes zu proklamieren. Wer darüber noch nie *geseufzt* hat, der hat *nicht* das Recht, reformationsfroh darüber zu *jubilieren*. Denn damit haben uns die Reformatoren auch von der andern Seite den Riegel vorgeschoben, so daß wir mit gutem Gewissen mit vorläufigen Darbietungen uns nicht mehr zufrieden geben können, wie sich unsre Gemeinden im Grunde auch nicht damit zufrieden geben. Wie unvergleichlich viel gesicherter, kontinuierlicher und zuversichtlicher geht die andre Kirche ihren Weg, die dieses gefährliche Prinzip des Wortes wohlweislich unentdeckt gelassen hat! Und wir haben durchaus keinen Anlaß, über diese bekannte katholische Sicherheit ohne weiteres die Nase zu rümpfen. Ich denke an das, was mir einst ein Benediktiner aus dem Elsaß aus der Kriegszeit erzählte: Er hat eines Abends als Singmeister seines Klosters eben mit seinen Confratres das Magnifikat intoniert, da durchschlägt plötzlich eine französische Granate das Dach und explodiert mitten im Schiff der Kirche. Aber der Qualm verzieht sich, und das Magnifikat wird fortgesetzt. Man darf wohl fragen, ob die protestantische Predigt auch fortgesetzt worden wäre? Haben wir nicht alle, wenn uns unsre Aufgabe als verbi divini ministri[6], wie wir Reformierten sagen, wieder einmal bedrängte und bedrückte, etwa ein stilles Heimweh empfunden nach den »schönen Gottesdiensten« des Katholizismus und der beneidenswerten Rolle des Priesters am Altar, der, das Sanktissimum hoch erhebend vor

---

[6]   Diener des göttlichen Wortes.

allem Volk mit der ganzen Bedeutungsfülle und Kraft, die das dingliche Symbol immer voraus hat vor dem Symbol des Menschenwortes als solchem, die doppelte Gnade des Opfertodes und der Inkarnation des Gottessohnes nicht nur verkündigt in Worten, sondern sich vollziehen läßt unter seinen Händen, ein »creator creatoris«?[7] »Le prêtre un autre Jésus Christl«[8], wie ich einmal bei einer Primiz-Feier wörtlich habe verkünden hören. Wenn wir das auch könnten! Ja, auch dort wird nebenbei die Bibel ausgelegt. Aber wie belanglos, wie wenig sorgenerregend ist die Aufgabe der Predigt, wie ist dort auch das dürftigste Predigtlein zum vornherein gedeckt und gerettet durch den Abglanz des eucharistischen Wunders, in dem es geschieht. Um dieses Wunders willen kommen ja doch die Menschen tatsächlich allein zur Kirche. Wie anschaulich, einleuchtend, geordnet und möglich ist der Weg von Gott zum Menschen, vom Menschen zu Gott, den der katholische Pfarrer von diesem Zentrum aus täglich zu gehen und den andern zu weisen hat. Wie glänzend ist dort das Problem gelöst, die Menschen bei tiefstem Verständnis für das, was sie in der Kirche suchen, mit einer letzten enormen Vorläufigkeit hinzuhalten, bei scheinbar größter Erschütterung das Gleichgewicht der Seelen und der Welt tatsächlich nicht zu erschüttern und dabei doch den Anschein zu erwecken, als ob nun das letzte erlösende Wort gesprochen sei. Wer von uns hätte die Stirne, den kerygmatischen Gehalt und Erfolg des katholischen Altarsakraments unter Hinweis auf etwas Besseres, das *wir* etwa hätten, in Abrede stellen zu wollen? Wir sind uns doch klar darüber, daß das Bessere, das die Reformation genau

---

[7] Schöpfer des Schöpfers.
[8] Der Priester [ist] ein zweiter Christus.
[9] Sichtbares Wort.

an die Stelle der abgeschafften Messe gestellt wissen wollte –
unsre Wortverkündigung sein müßte. Denn verbum visi-
bile[9], gegenständlich verdeutlichte Wortverkündigung ist
auch das, was bei uns als Sakrament übrig geblieben ist. Alles
hat uns die Reformation genommen und grausam allein die
Bibel uns gelassen. Wollen wir das Rad nicht rückwärts dre-
hen, um eine Viertels- oder Achtelsdrehung wenigstens? Ist
es nur gewachsene Feinfühligkeit und Duldsamkeit oder
nicht auch geschwundene Exusia[10], wenn wir es heute unterlassen, die päpstliche Messe mit der tapfern Frage 80 des Heidelberger Katechismus eine »Verleugnung des einigen Opfers
und Leidens Jesu Christi und eine vermaledeite Abgötterei«
zu nennen? Allzu deutlich verraten ja die bekannten Bestrebungen, die schmale, furchtbar schmale Basis der protestan-
tisch-christlichen Verkündigung zu *verbreitern*, das Heimweh, dem sich viele von uns in nur zu verständlicher Weich-
mütigkeit überlassen haben. Könnte man, um nur eines zu
erwähnen, offener beweisen, wohin die Reise geht, als durch
den doch geradezu humoristischen Vorschlag, die in der Kirche des *Wortes* schmerzlich empfundene Lücke auszufüllen
durch das sog. »Sakrament des – *Schweigens*«? Ist der tiefe Eindruck, den das schwüle Buch von Heiler über das Gebet unter
uns erzielt hat, nicht denkwürdiger als das Buch selbst? Was
soll man davon halten, wenn man ernste Männer unter Zurückgehen noch *hinter* den Katholizismus sogar die Einführung des kirchlichen Tanzes ernsthaft in Erwägung ziehen
hört? O die Verlegenheit, aus der das alles stammt, ist nur zu
begreiflich. Es ist eine harte Sache, daß die Reformation uns
hier einen Riegel vorgeschoben hat, den wir nicht so leicht
zurückschieben werden, daß unsre Situation nach einer Ver-

---

[10]   (geistliche) Vollmacht.

gangenheit von 400 Jahren auch nach dieser Richtung gegeben ist und durch die verschiedenen Weihrauchdämpfe, die man heute wieder aufsteigen lassen möchte, wohl verdunkelt, aber nicht mehr grundsätzlich verändert werden kann, daß die Grenzen, die vom Lande Jahves in das Land Baals hinüberführen, uns wenn auch, wie figura zeigt[11], nicht hermetisch, so doch immerhin wirksam verschlossen sind, daß die Verkündigung des biblischen Gotteswortes uns nun einmal mit dem ganzen Schwergewicht einer geschichtlichen Realität zugewiesen ist und nicht mehr ganz wird abgeschüttelt werden können. Es ist eine harte Sache, statt in dem heiteren Schein des Mittelalters, wie er etwa vom Schluß von Goethes Faust, zweiter Teil, ausgeht, in dem düstern Schatten der Reformation stehen zu müssen, und wäre es auch nur als das Epigonengeschlecht, das wir sind. Ja gerade so hart wie die andre Sache, von der wir vorhin sprachen: daß unsre Zuhörer und Nichtmehr-Zuhörer durchaus mit der Erwartung des Wortes, der Antwort auf die Frage: *Ob's wahr ist?* uns und unsrer Kirche gegenüberstehen. Skylla und Charybdis, die sich gegenseitig anschauen und zwischen denen wir uns zurechtzufinden haben!

Aber wir müssen uns mit *der* Seite der Situation, die durch das auf Kanzel und Altar aufgeschlagene Bibelbuch bezeichnet ist, noch etwas näher befassen. Was macht es uns denn so schwer, auf dem Boden des reformatorischen Schriftprinzips zu verharren? Nun nur keine Kleinlichkeiten zur Antwort! Nicht das Alter, die Ferne und Fremdheit der Bibel (etwa die Fremdheit ihrer »Weltanschauung«) machen es uns so schwer. Auch nicht die verlockende Konkurrenz, die der Bibel durch

---

[11]   wie sich anschaulich zeigt.

Goethe und Schiller, durch Buddha und Nietzsche bereitet sind. In der Regel auch nicht das allzu reichliche Fließen der eigenen Inspiration, die sich durch die biblischen Gedankenbahnen etwa beengt fühlen würde. Nein, die Bibel ist uns unheimlich, weil sie eine neue große *(größere!)* spannungsvolle *Erwartung* in die kirchliche Situation hineinträgt von der *andern* Seite. *Bringt* die Gemeinde primär in die Kirche die große *Frage* des Menschenlebens und *sucht* darauf *Antwort*, so *bringt* die Bibel umgekehrt primär eine *Antwort*, und was sie dazu *sucht*, das ist die *Frage* nach dieser Antwort, fragende *Menschen*, die diese Antwort als solche, eben als Antwort auf die entsprechende Frage verstehen, suchen und finden wollen. Auch die Linie, auf der sich die Gedankenwelt der Bibel bewegt, läuft offenbar dort durch, wo eine ganze Reihe großer und wertvoller Möglichkeiten in Frage gestellt sind durch das Übergewicht der negativen Faktoren in der Lebensrechnung, also eben dort, wo wir auf des Menschen Seite die Frage: ob's denn wahr ist? entstehen sehen. Die Bibel überspringt mit unheimlicher Einseitigkeit alle die Stufen des Menschenlebens, wo diese Krisis etwa noch nicht akut ist, wo der Mensch etwa noch in ungebrochener Naivität bei Kirschbaum, Symphonie, Staat, Tagewerk sich der Gegenwart Gottes trösten kann. Sie interessiert sich mit unheimlicher Dringlichkeit erst für *die* Stufe – ist es die höchste oder die tiefste? –, wo der Zweifel über ihn gekommen ist. Auch Lob und Dank und Jubel und Gewißheit finden in der Bibel nicht diesseits, sondern jenseits der Linie statt, wo der Mensch ein Suchender, Bittender, Anklopfender geworden ist, wo eben jene hilfesuchende letzte Verlegenheit über ihn gekommen ist, die ihn, sagen wir einmal: in die Kirche führt. Achten Sie darauf – um nur ein zentrales Beispiel zu nennen –, wo die Linie der Bibel die menschliche Lebenslinie in den *Psalmen* schneidet, da haben wir die Antwort doch ganz unzweideutig: in Schuldbewußtsein, Krankheit, Bedrängnis durch den persönlichen und durch den Volksfeind, in Ferne von Gott und göttlichen Dingen, in Zweifel und Verzweiflung, in Vergänglichkeit und Sterben. So stellt sich die Bibel zunächst ganz einfach neben den zum Bewußtsein seiner Lage erwachten Menschen und fragt mit ihm – denken Sie an den 42. Psalm, denken Sie an Hiob –, *ob's denn wahr ist*, wahr, daß es in dem Allem einen Sinn, ein Ziel und einen Gott gibt, nachdem diese Gewißheit sonst überall schwankend geworden ist.

Aber in zwei Punkten *unterscheidet* sich nun die Bibel von dem Bewußtsein jenes erwachenden Menschen. Erstens darin, daß sie seiner Frage erst ihre wirkliche Schärfe und Bedeutung gibt: und das in einer Weise, die doch wohl auch den Erschrockensten, Gedemütigtsten, Verzweifelndsten noch einmal an den Rand eines Abgrunds führt, von dem er nichts ahnte; in einer Weise, daß Freud und Leid, Gutes und Böses, Licht und Finsternis, Ja und Nein, wie wir sie als die Widersprüche unsres Daseins kennen, auf einmal ganz nahe aneinanderrücken und sogar unsre heißeste, brennendste Frage, die uns schließlich flehende Hände zu Gott erheben läßt, erblassen und verstummen muß, in einer Weise, daß wir merken müssen: all unser Fragen war erst Vorbereitung und Übung, und nun erst fragt es sich, ob wir im *Ernst* fragen, ob wir nach *Gott* fragen wollen. Wenn der Dulder Hiob sein Leid klagt, dann meint er offenbar ein Leid, das, menschlich gesprochen, kein Ende hat. Wenn Paulus von der Sünde redet, dann meint er damit nicht die Puppensünden, mit denen wir uns plagen, sondern die Sünde Adams, in der wir erzeugt und mit der wir geboren sind, die Sünde, die wir, solange die Zeit währt, nicht ablegen werden. Wenn die Johannesschriften zu sagen wissen von der Finsternis dieser Welt, dann ist das nicht bloß eine von jenen Dunkelheiten, in denen und neben denen es doch noch allerlei freundliche Lichtlein gibt für jeden, der nicht als ganz rabiater Pessimist sich gebärden will, sondern von *der* Finsternis ist da die Rede, angesichts derer die Frage, ob einer mehr Optimist oder Pessimist sein will, ganz gegenstandslos wird. Und wenn Jesus Christus am Kreuze stirbt, dann fragt er nicht bloß: ob's denn auch wahr ist?, sondern: »mein Gott, mein Gott, warum hast du mich verlassen?«[12] Man hat gemeint, Jesus entschuldigen zu müssen mit der schwer zu begründenden Ausrede, das sei doch noch nicht der Ausdruck wirklicher Verzweiflung, und hat ganz übersehen: das ist nicht weniger, sondern *mehr* als Zweifel und Verzweiflung, das ist derelictio, Verloren- und Verlassenheit, wie unsre alten Dogmatiker noch gewußt haben. Leiden heißt in der Bibel: an *Gott* leiden. Sündigen: an *Gott* sündigen. Zweifeln: an *Gott* zweifeln. Vergehen: an *Gott* vergehen. Anders ausgedrückt: Aus der schmerzlichen Einsicht in die Grenzen der Menschheit, die der Mensch im Zusammenhang mit seinen auf- und absteigenden Lebenserfahrungen mehr oder weniger deutlich gewinnen kann, wird in der Bibel die Botschaft vom *Kreuz* als der Ordnung des heiligen Gottes, unter die der Mensch jetzt und hier ein- für allemal gestellt ist. Das Kreuz ist die Forderung Gottes, daß wir nach ihm, nach Gott fragen und lebenslänglich, auch wenn alle andern Fragen lösbar wären, *dieser* Frage uns nicht mehr entwinden und entziehen sollen. Deutlich und immer deutlicher ringt sich in der ganzen Bibel Alten und Neuen Testamentes diese Botschaft ans Licht und wird unzweideutig und unmißverständlich in Jesus Christus. Sie sucht Menschen, die nach Gott fragen können und wollen, die in der Lage sind,

---

[12] Mt. 27,46.

ihre *kleinen* Fragen – und welche werden da *nicht* klein? – aufgehen zu lassen in der *großen* Frage, sich unter das Kreuz und d. h. sich vor Gott zu stellen. »Kommet her zu mir alle, die ihr mühselig und beladen seid!« Wozu? »Nehmet auf euch *mein* Joch!«[13]. Das versteht sich nicht von selbst, auch nicht bei den erwachtesten, suchendsten Menschen, daß sie *so* sehr Mühselige und Beladene sind, daß sie *sein* Joch, *Christi* Joch auf sich nehmen. Das haben wir nie begriffen, und wenn wir es schon tausendmal begriffen hätten.

Der zweite entscheidende Punkt ist der, daß die menschlichen Lebensfragen auch in ihrer höchsten Form bloß Fragen sind, denen die gesuchte Antwort als ein Zweites, Anderes, das erst dazukommen muß, gegenübersteht. So dagegen, wie die *Bibel* die menschliche Lebensfrage faßt, übersetzt in die Frage nach *Gott*, unter die wir gestellt sind, kann man von »Frage« gar nicht reden und hören, ohne schon von *Antwort* zu hören. Wer sagen kann, da, wo die Bibel uns hinführe, sei schließlich nur ein großes Nein zu hören, ein großes Loch zu sehen, der beweist damit nur, daß er dahin noch nicht geführt worden ist. *Dieses* Nein ist eben Ja. *Dieses* Gericht ist Gnade. *Diese* Verurteilung ist Vergebung. *Dieser* Tod ist Leben. *Diese* Hölle ist Himmel. *Dieser* furchtbare Gott ist der liebende Vater, der den verlorenen Sohn in seine Arme zieht. Der Gekreuzigte ist der Auferstandene. Und das Wort vom Kreuz als solches ist das Wort vom ewigen Leben. Kein Zweites, Anderes braucht zur Frage hinzuzutreten. Die Frage ist die Antwort. Die Wahrheit und Wirklichkeit, die Begründetheit dieser Umkehrung, die der Sinn der ganzen Bibel ist? Ich weiß keine andere als die Realität des lebendigen Gottes, dessen, der *ist*, der er ist, des sich selbst Begründenden. Die Bibel verzichtet auf alle Be-

---

[13]  Mt. 11,28 f.

gründetheiten Gottes. Sie bezeugt Offenbarung. Wir sahen seine Herrlichkeit, und *so* sahen wir sie: als die Antwort in der *Frage*. Wie kann man die Antwort anders vernehmen, erkennen, wissen als eben so? Aber die *Antwort* ist das *Primäre*. Es wäre keine Frage, wenn nicht die Antwort wäre. Nur damit sie dem Menschen wirklich *Antwort sein* kann, muß sie ihm als Frage begegnen. Gott ist die Fülle des Ja; nur damit wir ihn als *Gott verstehen*, müssen wir hindurch durch sein Nein. Die enge Pforte führt zum Leben; nur weil sie *diese Pforte* ist, muß sie so eng sein. »Ich will euch erquicken!«[14]. Und »mein Joch ist sanft und meine Last ist leicht«[15]. Nur damit dies an uns *wahr werde*, müssen wir das Joch und die Last auf uns nehmen. »So ihr mich von ganzem Herzen *suchet*, will ich mich von euch *finden lassen!*, spricht der Herr«[16]. Nur der *Herr* kann so sprechen, kann Suchen und Finden, Frage und Antwort in eins setzen. Die Bibel aber bezeugt, *daß* er so spricht.

Das ist's also, was die *andre* Seite der kirchlichen Situation ausmacht. Sagte ich's recht? Es ist die *noch* größere Erwartung, die durch die *Bibel* in diese Situation hineingetragen wird. Dies ist die Erwartung: Wo sind die Menschen, die in der Frage der Bibel ihre eigene Frage wiedererkennen und dann *in* dieser Frage Gottes Antwort: endgültig, erlösend, neuschaffend, belebend, beseligend, Zeit und alles, was in der Zeit ist, in das Licht der Ewigkeit rückend, Hoffnung und Gehorsam erzeugend? Wo sind die Menschen, die Augen haben zu sehen, was kein Auge gesehen, Ohren zu hören, was kein Ohr gehört, Herzen zu fassen, was in keines Menschen Herz

---

[14]  Mt. 11,28.
[15]  Mt. 11,30.
[16]  Jer. 29,13 f.

gekommen ist? Die Menschen, die den Heiligen Geist emp-
fangen wollen und können als Unterpfand dessen, was immer *noch nicht* erschienen, auch den Kindern Gottes, *gerade*
den Kindern Gottes *noch nicht* erschienen ist? Die Menschen,
die glauben wollen und können *in* ihrer Not auf *Verheißung*?
*Gott* erwartet, *Gott* sucht solche Menschen. Nicht *unser* Leben, *unsre* Angelegenheiten, Bedürfnisse und Wünsche sind's,
die in der Bibel in Frage stehen, sondern so steht's, daß der
*Herr* Arbeiter sucht in *seinen* Weinberg. Klein und unbedeu-
tend wahrhaftig ist die Erwartung, die von der *Gemeinde* in
die kirchliche Situation hineingetragen wird, und wenn wir
sie noch so tief verstehen, neben *der* Erwartung, die eben-so
stumm wie jene, aber noch ganz anders real von der Seite der
aufgeschlagenen *Bibel* aus besteht. Oder vielmehr: Ist das
Erwachen der Menschen, das diese Situation kennzeichnet,
groß und bedeutend, dann im Lichte dessen, was *Gott* da erwartet. Darum ist das menschliche Erwarten ernstzuneh-
men, kann nicht ernst genug genommen werden, weil es eine
Abschattung ist des großen Erwartens, mit dem Gott hier
zuerst auf dem Plan ist. Das ist eine unheimliche Situation,
wer wollte das verkennen? Wohl begreiflich, daß wir ihr ausweichen möchten. Aber wir werden nicht wider den Stachel
löcken können: gerade nach der Seite, von woher das Unheimliche in diese Situation ursprünglich kommt, gerade
nach der Seite der Bibel sind *wir*, ich wiederhole es, durch das,
was vor 400 Jahren über die Christenheit gekommen ist, fest-
gelegt.

Das Geschehen, auf das diese Erwartung von beiden Seiten gerichtet ist, ist die christliche Verkündigung. Und der Mann,
der bei diesem Geschehen zwar nicht im Mittelpunkt, wohl
aber an vorderster, exponiertester Stelle steht, ist der christli-

che Verkündiger, der Pfarrer. Er ist doch, von den Menschen aus gesehen, die am Sonntag in die Kirche kommen oder auch nicht kommen, jedenfalls der Erste, der ihnen *Antwort* geben, und er ist, von der Bibel aus gesehen, der Erste, der bereit sein müßte, sich unter Gottes *Frage*, in das Fragen nach Gott hineinzustellen, ohne das Gottes Antwort für uns nicht wahr werden kann. Würde er das tun: antworten auf das, was die *Menschen fragen*, aber antworten als ein selber *von Gott gefragter* Mensch, ja dann dürfte man wohl sagen, daß er – Gottes Wort redet, das die Menschen bei ihm suchen und das Gott ihm zu reden aufgetragen hat. Denn als wirklich von Gott gefragter und nach Gott fragender Mensch würde er ja Gottes Antwort wissen und so den Menschen Antwort geben können, diesen Menschen, die ja mit *ihrer* Frage gerade auf *Gottes* Antwort warten, auch wenn sie es nicht wissen. Ja wenn *das* der Fall wäre, gäbe es dann ein bedeutungsvolleres, entscheidenderes Geschehen als die christliche Verkündigung? Verständlich wäre auf einmal die ganze kirchliche Situation, wenn sie der Rahmen *dieses* Geschehens wäre, gerechtfertigt die Existenz des Pfarrers, wenn er *dieses* Geschehens Diener sein sollte, sinnvoll gerade das Tun, das im Protestantismus den Mittelpunkt seines Amtes bilden soll: die Predigt als Schriftauslegung, wenn sie eben Verkündigung des Wortes Gottes sein sollte. Es ist ja fast eine Banalität, wenn ich jetzt sage: Es gibt nichts Wichtigeres, Dringenderes, Notwendigeres, Hilfreicheres, Erlösenderes und Heilvolleres, es gibt vom Himmel wie von der Erde aus gesehen nichts der wirklichen Lage Entsprechenderes als das Reden und Hören des Wortes Gottes in seiner richtenden und aufrichtenden Wahrheitsmacht, in seinem alles entwurzelnden und alles versöhnenden Ernst, in seiner Leuchtkraft hinein in die *Zeit* und ihre Wirren und darüber hinaus in die Klarheit der *Ewig-*

*keit* und immer Beides *zugleich* und das Eine *durch* das Andre und *im* Andern, das Wort, der Logos des lebendigen Gottes. Fragen wir uns selbst und denken wir dabei an Jesus Christus, ob der Wille Gottes nicht drängt und ob die Verfassung des Menschen, des heutigen Menschen hier in Deutschland 1922 nicht schreit nach diesem Geschehen? Noch einmal: Was wäre unsere christliche Verkündigung, wenn sie dieses Geschehen *wäre!* Und daß sie das ist, das ist die Verheißung, die sie hat: nehmen wir unsre Situation als Pfarrer ernst, dann *können* wir gar nicht anders als diese Verheißung *bejahen.* Sie ist mit dem Ernstnehmen unsrer Situation zwischen Gemeinde und Bibel *gegeben.* Ernstnehmen kann hier nichts anderes sein, als Gottes Verheißung, die hinter dieser merkwürdigen Situation steht, ergreifen und glauben, auf sie vertrauen und ihr gehorsam werden.

Aber hier müssen wir innehalten. Das ist die *Verheißung* der christlichen Verkündigung: daß wir *Gottes Wort reden.* Verheißung ist nicht Erfüllung. Verheißung bedeutet, daß Erfüllung uns versprochen ist. Verheißung hebt die Notwendigkeit zu glauben nicht auf, sondern begründet sie. Verheißung ist des *Menschen* Teil, Erfüllung ist *Gottes* Teil. Daß, was Gottes ist, auch des Menschen ist, das kann nur geglaubt werden. »*Wir* haben solchen Schatz in *irdenen* Gefäßen«[17]. Keine Verwechslungen zwischen Gottes und des Menschen Teil, zwischen dem Schatz und den irdenen Gefäßen! Warum passiert diese Verwechslung niemandem so leicht wie uns Theologen und unvorsichtigen Philosophen etwa, gerade uns, die es besser wissen sollten? Es ist doch wohl klar: auch daß wir Gottes Wort reden, können wir nur glauben. Gottes Wort auf eines Menschen Lippen, das ist nicht möglich, das

---

[17]    2. Kor. 4,7.

kommt nicht vor, das kann man nicht ins Auge fassen und nicht ins Werk setzen. *Gottes* Tun ist doch wohl das Geschehen, auf das sich die Erwartung vom Himmel wie von der Erde aus richtet. Etwas anderes kann den wartenden Menschen nicht genügen und etwas anderes kann Gottes Wille nicht sein, als daß er selbst der ist, der es schafft. Gottes Wort ist also und will und muß sein und bleiben *Gottes* Wort. Der Schein, als ob es anders wäre, verkehrt die Sache in ihr Gegenteil, und wenn es der glänzendste, der christlichste, der biblischste Schein wäre. Vorweggenommene Erfüllung raubt uns auch die Verheißung.

Und hier muß nun von der furchtbaren *Gefahr* der kirchlichen Situation geredet werden. Ist sie nicht ganz dazu angetan, jenen Schein zu erwecken: hier haben Menschen es darauf abgesehen und – wer weiß? – schon erreicht, Gottes Wort auf ihre Lippen zu nehmen als ihr eigenes Wort? Wohlverstanden: um so bedenklicher wird dieser Schein, um so bedrohlicher die Lage, je mehr Gelingen, Erfolg und Erfüllung etwa damit verbunden ist. Um so mehr, je voller unsre Kirchen, je gesegneter und befriedigender unsre Tätigkeit etwa ist. Was heißt Segen? Was heißt Befriedigung im Pfarramt? Machen uns die Propheten und Apostel, um von Jesus Christus nicht zu reden, etwa den Eindruck von Leuten, denen es gelungen ist, daß sie nachher auf ein gesegnetes, befriedigendes Leben zurückblicken konnten? Wie seltsam, wenn wir soviel besser daran sind als sie! Was kann das bedeuten? Das bedeutet auf alle Fälle, daß wir einmal gründlich erschrecken sollten. Was tust du, du Mensch, mit *Gottes* Wort auf *deinen* Lippen? Wie kommst du zu dieser Rolle des Mittlers zwischen Himmel und Erde? Wer hat dich befugt, sich dahin zu stellen und religiöse Stimmung zu erzeugen? Und nun gar noch mit Erfolg und Gelingen? Was kann das anderes bedeuten als höchste Überhebung, höchsten Titanismus und – weniger klassisch, aber um so deutlicher: höchsten Kitsch! Man überschreitet die Grenze der Humanität nicht ungestraft, und man bricht nicht ungestraft ein in die Gerechtsame Gottes! Gehört aber nicht Beides unvermeidlich zum Beruf des Pfarrers? *Ist* nicht die ganze kirchliche Situation eine namenlose Überhebung des Menschen, schlimmer als das, was sein Übermut auf andern Gebieten sich leistet? Ich würde antworten: Bei Gott ist es möglich, daß dem *nicht* so ist, daß wir *als* Pfarrer und *in* der kirchlichen Situation gerettet sind wie ein Brand vor dem Feuer. Bei den Menschen aber ist das unmöglich. Soviel *wir* wissen, können wir nur sagen: Wo kann ernstlicher vom Zorne Gottes die Rede sein als über uns Pfarrern? Oder sollten wir nichts davon wissen, wie sehr gerade *wir* unter dem Gericht stehen; nicht irgendwie geistig, religiös oder sonst harmlos meine ich das, sondern höchst real: Mose und Jesaja, Jeremia und Jona haben wahrhaftig gewußt, warum sie sich in diese Situation des Predigers *nicht* begeben wollten. Kirche ist eigentlich eine Unmöglichkeit. Pfarrer kann man eigentlich nicht sein. Predigen, ja wer darf, wer kann denn das, wenn er weiß, um was es da geht? Ist uns die kritische Lage der Kirche etwa immer noch nicht drastisch genug vor Augen gestellt? Wann werden wir sie zu deuten wissen? In welchem von den vielen Einwänden, die heute gegen die Kirche und gegen das Christentum von den Gebildeten und Ungebildeten unter ihren Verächtern erhoben werden, steckte nicht letztlich der Einwand, den wir selber gegen uns erheben müßten, wenn wir uns dessen genauer bewußt wären, was wir als Pfarrer wagen? Wäre es nicht besser, uns jene Einwände, ob sie nun gerecht oder ungerecht, gescheit oder

---

[18]    Vgl. 2. Sam. 16,5–14.

dumm seien, einfach einmal ein wenig gefallen zu lassen, in der Einsicht, daß etwas dran ist, wie David die Steinwürfe Simeis des Sohnes Geras[18], statt uns sofort mit dem Rüstzeug unsrer ebenso subtilen wie in ihrem Wert fragwürdigen Apologetik dagegen zur Wehr zu setzen? Wäre es nicht ratsamer, gewisse Stürme, die über uns kommen wollen, einmal ruhig ihre reinigende Kraft an uns auswirken zu lassen, statt ihnen sofort mit einem kirchlichen Gegensturm entgegenzutreten? Wäre es uns nicht besser, statt pastoral-theologischer Zeitschriften und dgl. z. B. Feuerbach zu lesen, und zwar ohne zu versuchen, den Kopf sofort wieder aus der Schlinge zu ziehen? Wenn Gott uns, das Wunder ist ja *möglich* bei *ihm*, erwählt hat und rechtfertigen will *als* Pfarrer und *in* der kirchlichen Situation, dann jedenfalls allein *da*, im *Gericht* über uns selbst, im *Gericht* über die Kirche, im *Gericht* über unser Pfarrertum. Denn erst *hier* können wir ja die Verheißung ergreifen, erst *hier* glauben. Erst damit, daß wir nicht nur als Menschen im allgemeinen – das wäre allzu bequem, denn niemand ist ein Mensch im allgemeinen –, sondern gerade als Geistliche, gerade in unsrer Mittlerstellung die Frage, die große schlechthin demütigende, ja tödliche Frage Gottes an alles, was Fleisch heißt, auf uns nehmen, gerade dadurch erst kommen wir in die Lage, »Geistliche« zu sein, d. h. Gottes *Antwort* zu vernehmen und dann auch den Menschen Antwort zu geben auf *ihre* Frage. Erst dadurch, daß unsre Verkündigung aus realer Not kommt, wird aus unserm Amt *Sendung*. Und Sendung allein kann unsre Verkündigung legitimieren. Es liegt Sinn darin, daß der Hohepriester am großen Versöhnungstag nach Lev. 16 zuerst einen Far-

---

[19]   männliches Hausrind.

[20]   Lev. 16,11.

ren[19] darbringen, schlachten und opfern mußte zum Sündopfer, »daß er *sich* und *sein* Haus versöhne«[20], und *danach* den
Bock als Sündopfer für das Volk. Wäre es nicht ratsam, diesen
Farren nun einmal darzubringen und unterdessen wenigstens den Bock noch leben zu lassen? Weigerten wir uns etwa
dessen, daß das Gericht anheben muß beim Hause Gottes,
weigerten wir uns, uns und unser Amt und unsre Kirche dahin zu stellen, wo alles Fleisch stehen muß, sollte das *nicht*
das Erste sein, mit dem wir immer wieder *anfangen*, an das
wir immer wieder *zuerst* denken, das unsrer Arbeit am Stu-
diertisch und unsrem Reden auf der Kanzel *voran*gehen muß,
wollten wir uns der gründlichen Desillusionierung, die das
bedeutet, heimlich oder offen, mit weltlicher oder christlicher Begründung entziehen, sollten wir eine Anklage gegen
die Welt, gegen die unchristlichen Weltanschauungen, die
unreligiöse Masse und wie das alles heißt, schleudern, die
nicht zuerst mit ihrer vollen Wucht uns selbst getroffen hat,
so getroffen, daß uns zum Reden gegen die da draußen zunächst einfach der Atem ausgeht, sollten wir von der Sünde,
der Sünde des Eritis sicut Dii[21] reden, ohne zuvor zu uns selbst
gesagt zu haben: *Du* bist der Mann, du *mehr* als alle andern! –
wie sollten wir dann nicht *bleiben* müssen unter dem Gericht, aus dem uns das Wort Gottes *mit* allem Fleisch freilich
herausreißen und erretten will? Diese Weigerung würde ja
bedeuten, daß wir uns *nicht* begnügen lassen wollen an der
Verheißung, daß wir *nicht* glauben wollen. Wie sollte es dann
für uns selbst zu einem Hören und Reden und für unsre Gemeinden zu einem Vernehmen, Erkennen, Wirken des Wortes
*Gottes* kommen? Wie sollten wir dann glaubwürdig sein?
Vergebung der Sünden, Auferstehung des Fleisches und ein

---

[21]   Ihr werdet sein wie Götter.

ewiges Leben wirklich und nicht nur in Worten verkündigen können? *Glaubwürdig* werden wir nur durch das Wissen um unsre Unglaubwürdigkeit! *Überzeugendes* Reden von Gott, das gibt es ja nur da, wo die christliche Verkündigung selbst mitten drin steht in der *Not*, unter dem *Kreuz*, in dem *Fragen*, nach dem Gott allererst fragt, um antworten zu können. Aus dieser Not dürfen wir nicht *heraus* wollen. Das war es, was der junge Luther dem katholischen Mittelalter vorgeworfen hat, daß es aus dieser Not *heraus* wollte. Jede Seite fast in seiner Psalmen- und in seiner Römerbrieferklärung redet von dem Entsetzen, das ihn erfaßte, als er die Entdeckung machte: was die Scholastiker und Mystiker trieben, das war ja, wie er es in der Heidelberger Disputation von 1518 nannte: »theologia gloriae«[22], ein naives religiöses Stimmung-Machenwollen, eine *Flucht* vor dem Fragen, nach dem Gott fragt, um seine Antwort geben zu können. *Hier* hat er den Spaten eingesetzt und seine Theologie, die reformatorische, auf deren Boden wir angeblich stehen, definiert als »theologia crucis«[23], die von dort aus entworfen ist, wo der Mensch auch sein Höchstes und Bestes, *gerade* das, preisgegeben und unter das Gericht gestellt hat und *so* die Verheißung ergreift, auf Glauben, *allein* auf *Glauben* hin, weil er selber ergriffen ist von der grundlosen, nur in sich selber begründeten Barmherzigkeit Gottes, weil *Christus* der *Gekreuzigte* in seiner derelictio[24] der Träger der Verheißung ist. »Er hat uns gemacht, und nicht wir selbst, zu seinem Volk und zu Schafen seiner Weide«[25]. Wie sollen das die Menschen hören aus der christli-

---

[22]  Theologie der Herrlichkeit.
[23]  Theologie des Kreuzes.
[24]  Gottverlassenheit.
[25]  Ps. 100,3.

chen Verkündigung der Kirche, wenn die Kirche selber es vielleicht noch gar nicht gehört hat?

Stehen wir auf dem Boden der theologia crucis? Das scheint mir die Schicksalsfrage zu sein, die heute, wo wir, was Kreuz ist, zu merken wahrhaftig Anlaß hätten, an unsre protestantischen Kirchen gestellt ist. Wir brauchen heute *ernste* Pfarrer. Jawohl, aber dieser Ernst muß der *Sache* der Kirche und in keinem Sinne der Kirche selbst gelten. Der sehr menschliche Pfarrerernst, der der Kirche gilt, ist dem beinahe göttlichen Ernst der heutigen Lage nicht mehr gewachsen. Wir brauchen *tüchtige* Pfarrer. Ja, aber nicht *geschäfts*tüchtige. Die Verwaltung des Wortes ist kein Geschäft, und wenn es noch so glänzend ginge. Die Tüchtigkeit wird sich zu erweisen haben in Situationen, in die in Geschäften nur Untüchtige zu kommen pflegen: in Erfolg- und Wirkungslosigkeit, in schwerster Isolierung, in negativen Abschlüssen vielleicht bis zum Lebensende. Wir brauchen *fromme* Pfarrer. Ja, wenn Frömmigkeit Gehorsam bedeutet gegen den Ruf: Folge du *mir* nach!, der uns vielleicht aus all dem, was man zur Rechten und zur Linken Frömmigkeit nennt, herausführt. Doch überlegen Sie sich selbst, was Ernst, Tüchtigkeit, Frömmigkeit auf dem Boden der theologia crucis etwa bedeuten möchte? Wollen wir dort stehen, dann müssen wir jedenfalls allem resolut den Abschied geben, was auf der Linie des katholischen Altarsakraments liegt, dieses genialsten Symbols einer Kirchenherrlichkeit, die sich dem Gericht *entziehen* zu können meint und sich gerade der *Gnade* entzieht, die sich an der Verheißung nicht begnügen lassen, sondern Erfüllung haben, genießen, erleben – ja eben *erleben* will, als ob der Weg

---

[26] Schöpfer des Schöpfers.

zum Erleben der Erfüllung nicht durch das Sterben aller menschlichen Herrlichkeit und zuerst aller kirchlichen ginge! Wir sollen unter keinen Umständen und in keinem Sinn creatores creatoris[26] sein wollen. Nicht zu erzeugen haben wir Gott, sondern ihn zu bezeugen. In dieser Silbe liegt der Unterschied. Was in der Linie des Altarsakraments liegt, das ist *Flucht* vor der Not der christlichen Verkündigung und darum Flucht auch vor ihrer *Verheißung*. Täuschen wir uns nicht, sehr vieles liegt in dieser Linie, was noch lange nicht katholisch aussieht, sondern sehr evangelisch und vor allem auch sehr modern. Ich überlasse es Ihnen, zu überlegen, ob sie sich nicht ausziehen läßt tief hinein in unsre gewohntesten homiletischen und seelsorgerlichen Darbietungen, in unsre *traditionellen* kirchlichen Formen und noch viel mehr in die *neueren* und *neuesten* Bestrebungen gerade auf dem Gebiet der kirchlichen Formen, aber auch tief, sehr tief hinein in die systematischen und historischen Darstellungen unsrer Theologie aller Richtungen. Sie läuft überall da durch, wo ein Haben auftritt, das nicht auch ein Nicht-Haben wäre, ein Eilen ohne Warten, ein Geben ohne Nehmen, ein Besitzen ohne Entbehren, ein Wissen ohne Nicht-Wissen, ein Recht-haben ohne Unrechthaben, ein Sitzen ohne Aufstehen, eine Gegenwart des Himmelreichs, wo gar keine »Armen im Geist«[27] sind. Auf dieser Linie kann es zu keiner Gewißheit, zu keinem Sieg kommen. Denn der Gott, von dem Gewißheit und Sieg kommt, wohnt in einem Lichte, da niemand zu kann, und als solcher will er erkannt und angebetet sein. Das ist die Krisis der christlichen Verkündigung. Wohlverstanden: ich möchte damit, daß ich von dieser fatalen Linie rede, keinen direkten Vorwurf richten nach irgendeiner Seite. Die

---

[27] Mt. 5,3.

Sache eignet sich schlecht zum Vorwürfemachen. Ich ver-
kenne nicht, daß vieles aus der Not und darum mit der Verheißung der christlichen Verkündigung geredet und getan
sein kann, was auf den ersten Blick jener fatalen Linie unheimlich nahe zu liegen scheint. Mag denn alles, was in Sa-
chen der christlichen Verkündigung zur Rechten und zur
Linken, bei den Volkskirchlern und bei den Hochkirchlern,
von den Alten und von den Jungen heute geredet und getan
wird, seinen Lauf nehmen. Fiat, fiat! »Eines schickt sich nicht
für alle. Sehe jeder wo er bleibe, sehe jeder wie er's treibe, und
wer steht, daß er nicht falle.«[28] Nicht darum kann es sich handeln, diesem oder jenem eine neue Position oder auch nur
eine Negation polemisch gegenüberzustellen. Wohl aber
darum, *Besinnung* eintreten zu lassen über das, was da geredet und getan wird, Besinnung auf das Eine, Notwendige,
Unentrinnbare, dem unsre Kirchen, dem wir Pfarrer und
Theologen vor allem heute mehr als je tatsächlich gegenüberstehen; Besinnung heißt *Erinnerung* an den *Sinn* unsres
Redens und Tuns. Vielleicht daß bei solcher Besinnung dies
und das nicht mehr gesagt und getan oder anders gesagt und
getan werden wird als bis dahin. Vielleicht daß nur in neuer
Meinung dasselbe gesagt und getan zu werden braucht wie
bis dahin. Besinnung bedeutet grundsätzlich weder Position
noch Negation, sondern eben nur – eine Randbemerkung,
»ein bißchen Zimt«. Besinnung braucht uns jedenfalls nicht
voneinander zu trennen, auch wenn ihre theoretischen und
praktischen Ergebnisse nicht bei uns allen dieselben sein
sollten. Ich halte dafür, daß es grundsätzlich möglich sein
müßte, sich über diese Besinnung sogar mit einem katholischen Theologen zu verständigen, endlich und zuletzt sogar

---

[28]  Goethe, Beherzigung.

über das Altarsakrament und ohne es ihm durchaus nehmen
zu wollen. Die Not und Verheißung der christlichen Verkündigung, göttliches Gericht und göttliche Rechtfertigung
wird wohl letzten Endes auch hinter der Kirche des Tridenti-
nums stehen. Es steckt genug Katholisches in uns Protestan-
ten, daß wir annehmen müssen, das reformatorische Anliegen könne auch da drüben nicht einfach tot sein. Oder was
berechtigte uns zu dieser Annahme? Um so weniger können
wir uns untereinander etwa mit dieser Annahme gegenüber-
treten. Aber auch nicht mit der Annahme, als ob uns das reformatorische Anliegen etwa selbstverständlich sei. Es ist
uns *nicht* selbstverständlich. Man kann über die Frage, ob
wir es kennen, ob es in uns wach ist, *nicht* zur Tagesordnung
übergehen. Es muß heute, morgen, immer wieder in uns erwachen. Reformation ist wahrhaftig heute nicht minder
möglich und notwendig als vor 400 Jahren. Reformation findet statt, wo Besinnung stattfindet. Wenn Ihnen heute die
Sehnsucht nach Reformation vielleicht mehr als bittere Sorge
entgegengetreten ist denn als etwas anderes, so bedenken Sie,
daß es nicht anders sein darf. Seufzen: »Veni creator spiritus!«[29] ist nun einmal nach Röm. 8 hoffnungsvoller als tri-
umphieren, wie wenn man ihn schon hätte. Sie sind in
»meine Theologie« eingeführt, wenn Sie diesen Seufzer gehört haben. Haben Sie ihn gehört und verstanden, verstanden vielleicht besser, als Ihnen lieb ist, dann werden Sie es
auch verstehen, wenn ich schließen möchte mit einem Bekenntnis der *Hoffnung*. Es sind einige Sätze aus *Calvins* Erklärung von Micha 4,6 (»Zur selbigen Zeit, spricht der Herr,
will ich die Lahmen versammeln und die Verstoßenen zuhauf
bringen und die ich geplagt habe«). »Obwohl die Kirche«, sagt

---

[29] Komm, Schöpfer Geist!

Calvin dazu, »zur Zeit kaum zu unterscheiden ist von einem
toten oder doch invaliden Manne, so darf man doch nicht ver-
zweifeln; denn auf einmal richtet der Herr die Seinigen auf,
wie wenn er Tote aus dem Grabe erweckte. Das ist wohl zu beachten; denn wenn die Kirche nicht leuchtet, halten wir sie
schnell für erloschen und erledigt. Aber *so* wird die Kirche in
der Welt erhalten, daß *sie auf einmal* vom Tode aufsteht, ja
am Ende geschieht diese ihre Erhaltung jeden Tag unter vielen solchen Wundern. Halten wir fest: Das Leben der Kirche
ist nicht ohne Auferstehung, noch mehr: nicht ohne viele
Auferstehungen. Tenendum est, ecclesiae vitam non esse
absque resurrectione, imo absque multis resurrectionibus.«[30]

---

[30] Der lateinische Text CR 71 (= Calvini Opera 43), col. 353. Das lateinische
Zitat ist das Original des vorangehenden Satzes.

# Das Wort Gottes
# als Aufgabe der Theologie

## I.

Wir Theologen sind durch unsern Beruf in eine Bedrängnis versetzt, in der wir uns vielleicht vertrösten, aber sicher nicht trösten lassen können. Wir ahnten es ja schon als Studenten dunkel, daß es so kommen werde; wir wurden älter, und es war schwerer, als wir je geahnt hatten. Wir sind Pfarrer, oder wir sind Dozenten; es ist immer die gleiche Bedrängnis, die Einen können ihr so wenig ausweichen wie die Andern. Ich wundere mich, daß es noch Theologen gibt, die in katholische Kirchen und wer weiß noch wohin gehen, um das sogenannte Numinose kennen zu lernen[31], als ob es nicht um uns wäre, sehr uninteressant, aber dafür real, wenn wir an unserm Schreibtisch sitzen, wenn wir uns niederlegen und wieder aufstehen, bevor wir wieder einmal unseres Amtes walten und nachdem es wieder einmal geschehen ist, einfach und ohne alle weitern Erlebnisse kraft der Tatsache, daß wir Theologen sind. Die Bedrängnis, die aus dieser Tatsache kommt, ist von den Umständen, in denen wir uns befinden mögen, ganz unabhängig. Sie ist, um das gleich vorwegzunehmen, mit den Mitteln der Psychologie sicher zu illustrieren, aber von daher so wenig zu erklären wie die allen Menschen durch

---

[31] Vgl. Friedrich Heiler, Katholischer und evangelischer Gottesdienst, München 1921, 17 f.

ihren sicher bevorstehenden Tod irgendwie in die Seele ge-
schriebene Frage. Das seltsame Schaukelspiel des seelischen
Lebens, dem wir Theologen natürlich unterworfen sind so
gut oder so schlimm wie jedermann, geht neben unsrer Bedrängnis her seinen eigenen Weg und hat mit ihr wesentlich
nichts zu tun. Aber auch die Problematik der mechanischen
Seite unsres Berufes geht ihr wohl immer zur Seite und ist
doch nicht ihre Ursache. Das theologische System z. B. ist nun
schon reichlich oft verbessert und gänzlich umgebaut worden, die theologische Praxis gleichfalls, und auch an Variatio-
nen in der persönlichen Stellung zu unserm Beruf ist wohl
längst versucht und erprobt worden, was da überhaupt zu
versuchen ist. Bedeutet das Alles etwa mehr, als wenn man
einen Kranken zur Abwechslung von der einen auf die andere
Seite legt? Haben wir noch nicht gemerkt, in der Kirche wie
auf der Universität, daß, was gestern uns Ruhe war, morgen
sicher uns Unruhe sein wird, daß vom Wechsel der Methoden
und Orientierungen, so unvermeidlich er uns immer wieder
wird, eine Beseitigung dessen, was uns bedrängt, jedenfalls
nicht zu erwarten ist? Es kann sich auch wirklich nicht etwa
um eine eigentümliche Verlegenheit gerade der Gegenwart
handeln. Darum nicht, weil die Theologen so ziemlich jeder
Zeit gemeint haben, gerade zu ihrer Zeit sei es besonders
schwer, diesen Beruf zu versehen. Von unserer Zeit wäre sogar
zu sagen, daß es heute insofern leichter ist, Theologe zu sein,
als vor zehn Jahren und hier in Deutschland leichter als etwa
im neutralen Ausland, weil die allgemeine Auflockerung des
Bodens infolge der Ereignisse, von denen wir herkommen,
dem, was wir nun zu tun hätten, unvergleichlich viel günsti-
gere Aussichten eröffnet. Und auch daran kann es nicht liegen, daß unsere Stellung in der Gesellschaft so fraglich ist:
daß wir bei der Mehrzahl der Menschen jedenfalls als Theolo-

gen nicht eben beliebt und geachtet, sondern von jenem Duft von Mißtrauenswürdigkeit umgeben sind, von dem Overbeck so viel zu sagen wußte.[32] Denn erstens dürften wir uns nach dem Evangelium darüber nicht wundern, wenn wir im übrigen unserer Sache ganz sicher wären, und zweitens steht es ja auch damit so schlimm nicht; war es doch auch im neuen Deutschland immer noch ein unerhörter Fall, als neulich die Möglichkeit auftauchte, unsereinem gegenüber die sogenannte Bedürfnisfrage aufzurollen. Im Ganzen haben wir uns über die uns widerfahrene Behandlung durch das gebildete und ungebildete Publikum sicher nicht ernstlich zu beklagen. Die wirkliche und besorgniserregende Bedürfnisfrage ist uns von ganz anderer Seite gestellt. Unsere Not kommt aber auch nicht von der Kirche, von dem rückständigen Geist ihrer Leitung, von ihrer Bureaukratie, von ihrem Bekenntniszwang. Ich komme aus dem paradiesischen Lande, wo die Theologen vom Universitätsprofessor bis zum einfachen Dorfpfarrer ungefähr in jeder Beziehung machen können, was sie wollen, wo es keine Präambeln gibt und wo die mildeste und dehnbarste Vermittlungstheologie ungefähr in allen Kirchenregimentern das Szepter führt, und kann nur warnen vor der Illusion, als ob dadurch die Last, die auf die Theologen gelegt ist, auch nur im Geringsten erleichtert wäre. Im Gegenteil: Wenn einmal alle Kämpfe gegen eine alte und für eine neue Kirche äußerlich so gegenstandslos werden, wie sie es innerlich vielleicht ohnehin sind, wenn all der darauf verwendete Ernst frei wird für ernsthaftere Gegenstände, rückt einem die wesentliche Not der Theologie nur um so grimmiger zu Leibe.

---

[32] Franz Overbeck, Christentum und Kultur. Gedanken und Anmerkungen zur modernen Theologie, Basel 1919.

Sie liegt in der Sache, in der uns gestellten Aufgabe. Wie weit sie von Diesem und Jenem *empfunden* wird, ist eine Frage für sich. Über unsre *Situation* möchte ich mich mit Ihnen unterhalten, und das sollte möglich sein, gleichviel ob wir so oder anders empfinden. Ich möchte diese unsre Situation in folgenden drei Sätzen charakterisieren: *Wir sollen als Theologen von Gott reden. Wir sind aber Menschen und können als solche nicht von Gott reden. Wir sollen Beides*, unser Sollen und unser Nicht-Können, *wissen und eben damit Gott die Ehre geben.* Das ist unsre Bedrängnis. Alles Andre ist daneben Kinderspiel. Ich will versuchen, Eines nach dem Andern zu erläutern.

## II.

*Wir sollen von Gott reden.* Unser Name sagt es. Aber nicht bloß unser Name. Es wird wohl auch uns Theologen gegenüber erlaubt sein, die schlichte Frage nach dem *Zweck* unsres Tuns zu stellen. Was hat die Aufmachung, der Betrieb unsres Amtes für einen Sinn? Was für eine Erwartung setzen die Menschen auf uns, sie, die uns als das, was wir sind, haben wollen oder doch gelten lassen? Oder auf was hin weist uns ihr Hohn und ihre Verachtung, wenn sie sich in ihrer Erwartung getäuscht sehen? Natürlich nicht nach ihren ersten besten Motiven werden wir sie fragen dürfen, als ob sie uns so ohne Weiteres sagen könnten, was sie von uns wollen. Um das Motiv ihrer Motive handelt es sich, darum, die Menschen um uns her in ihrer auf uns gerichteten Erwartung besser zu verstehen, als sie sich selbst verstehen. Ist es nicht so: Unsre Existenz als Theologen ist doch nur zu verstehen auf Grund der Existenznot der andern Menschen. Zum Aufbau ihrer Existenz mit Allem, was dazu gehört, brauchen sie uns nicht. Das besorgen sie ohne unsre Ratschläge, und zwar besser, als wir gewöhnlich denken. Jenseits ihrer Existenz aber und jenseits aller Fragen, die damit verknüpft sind, kennen sie ein großes Was? Wozu? Woher? Wohin?, das ist ein Minus vor der ganzen Klammer, eine Frage, die alle schon beantworteten Fragen in der Klammer aufs Neue zu Fragen macht. Auf diese Frage aller Fragen wissen sie sich keine Antwort zu geben und sind naiv genug anzunehmen, Andere könnten es, und darum schieben sie uns in unsre merkwürdige Sonderexistenz, darum stellen sie uns auf ihre Kanzeln und Katheder, damit wir daselbst von Gott reden sollen, von der Antwort auf die letzte Frage. Warum suchen sie mit dieser letzten Frage nicht selber fertig zu werden, wie sie es mit allen andern tun? Warum kommen sie zu uns, obwohl sie doch längst die Erfahrung gemacht haben müßten, daß man nicht zu uns kommen kann, wie man zum Rechtsanwalt oder zum Zahnarzt geht, daß wir in dieser Frage nicht mehr wissen, als sie sich selbst sagen können? Ja, so kann man wohl fragen. Offenbar drücken sie mit ihrem Zu-uns-Kommen aus, daß sie irgendwie wissen, daß der Mensch sich die Antwort auf diese Frage nicht selber geben könne und daß, wenn nun Einer mit dieser Frage zum Andern geht, doch auch dies jedenfalls nicht um der Antwort willen geschieht, die dieser Andere selber etwa geben kann.

Aber wie dem auch sei: wir sind *gefragt*. Und nun gilt es wohl zu beachten, wonach wir gefragt sind. Zum Leben brauchen uns die Menschen offenbar nicht, aber zum *Sterben*, in dessen Schatten ja ihr ganzes Leben steht, scheinen sie uns brauchen zu wollen. Die Geschichte geht ihren Gang ohne uns; wenn aber die eschatologischen, die *letzten Dinge* an ihrem Horizont auftauchen – und welches Problem in der Geschichte läge nicht auf der Schwelle zu den letzten Dingen? –, dann sollten wir offenbar da sein und eröffnende, entscheidende Worte zu sprechen haben. Über sich selbst und das, was ihnen möglich und erlaubt ist, sind sie leidlich orientiert; wie es aber mit dem dünnen Faden steht, an dem das ganze Netz dieser Lebensorientierung aufgehängt ist, mit dem messerscharfen Gratweg zwischen *Zeit* und *Ewigkeit*, auf dem sie sich manchmal plötzlich wandelnd wissen, nachdem sie es lange vergessen, das wollen sie wunderlicher Weise von uns wissen. An den *Grenzen* der Humanität ist das theologische Problem aufgeworfen. Die Philosophen wissen das, wir Theologen scheinen es manchmal nicht zu wissen. Denn wohlverstanden: auch über Sittlichkeit und Geistesleben, auch über Religion und Frömmigkeit, auch über allfällig mögliche Erkenntnis höherer Welten brauchen sie *unsre* Aufklärungen und Mitteilungen im Grunde *nicht*. Auch das Alles gehört ja zu ihrer Existenz und ist in die *Not* ihrer Existenz mit hineingerissen, ob sie es wissen oder nicht. Mögen wir diesem und jenem und vielleicht Hunderten Freude machen und hilfreich sein, wenn wir ihm auf die ihn in diesen Sphären bewegenden Fragen unsre mehr oder weniger nützlichen Anregungen und kompetenten Auskünfte zu geben versuchen. Mögen wir es tun, warum sollten wir nicht? Aber ohne zu vergessen, daß damit *die* Frage, mit der sie eigentlich zu uns kommen, *nicht* erledigt ist, daß wir der Kunst, *hier* antworten zu können, *diesen* Bedürfnissen zu dienen (ich wiederhole: das religiöse inbegriffen!), unser Amt als Theologen *nicht* verdanken. Schützen wir nicht zu schnell die Liebe vor! Da fragt sich eben, was die Liebe ist, die *wir* den Andern schuldig sind? Es könnte sein, daß *wir unbarmherzig* sind, solange wir meinen, damit barmherzig zu sein, daß wir den Menschen existieren helfen, und wenn Tausende uns für unsre Gaben dankten. Nicht *ihre* Existenz, sondern das Jenseits ihrer Existenz, *Gottes* Existenz steht in Frage, wenn sie uns um unsre Hilfe angehen. Als Dorfweise oder Stadtweise aber sind wir im Grunde unerwünscht, überflüssig und lächerlich. Wir haben unser Amt als Theologen nicht verstanden, solange wir es nicht verstanden haben als Exponenten und Wahrzeichen, nein Notzeichen einer Verlegenheit, die über die *ganze* Skala wirklicher und möglicher menschlicher Zuständlichkeiten sich ausbreitet, in der sich also der moralische *mit* dem unmoralischen, der geistige *mit* dem ungeistigen, der fromme *mit* dem unfrommen Menschen, in der sich der Mensch einfach als Mensch befindet. Der Mensch in seiner Menschlichkeit, die als solche Beschränktheit, Endlichkeit, Kreatürlichkeit, Getrenntheit von Gott bedeutet, ob er sich dessen nun mehr oder weniger bewußt sei. Seine Lage ist um so schlimmer, je weniger er sich dessen bewußt ist, je weniger er es uns sagen kann, was ihm fehlt, je leichter ihn die hilfsbereite Mitmenschheit mißversteht.

Der Mensch als Mensch schreit nach Gott, nicht nach *einer* Wahrheit, sondern nach *der* Wahrheit, nicht nach *etwas* Gutem, sondern nach *dem* Guten, nicht nach Antworten, sondern nach der Antwort, die unmittelbar eins ist mit seiner Frage. Denn er selbst, der *Mensch*, ist ja die Frage, so muß die Antwort die *Frage* sein, sie muß *er selbst* sein, aber nun als Antwort, als beantwortete Frage. Nicht nach Lösungen schreit er, sondern nach *Er*lösung. Nicht wiederum nach etwas Menschlichem, sondern nach Gott, aber nach Gott als dem Erlöser seiner *Menschlichkeit*. Mag man ihn tausendmal darüber belehren, daß er, um in das Unendliche zu schreiten, nur im Endlichen zu gehen habe nach allen Seiten[33] – o ja, er tut es ja, er geht ja, und die Herrlichkeit und der Greuel alles

---

[33]  Goethe, Gott, Gemüt und Welt.

dessen, was er auf diesem ihm in der Tat allein möglichen Gang leistet und vollbringt, ist Zeugnis genug für die unheimliche Wucht seines Suchens nach dem Unmöglichen, das ja doch das Bewegende auch dieses Ganges ist. Aber wieder und wieder begnügt er sich einfach nicht – warum kann er nicht? – mit diesem Gang im Endlichen, trotz aller Belehrungen und Zurechtweisungen. Immer wieder wird es ihm unerträglich, daß das Gefundene zu dem Gesuchten sich so offenkundig verhält wie $1:\infty$, – wo er doch nicht glauben kann, daß $1=\infty$; wie sollte er das glauben können und dürfen, wo ihm doch vielmehr das ganze Meer von Antwort, über das er verfügt, immer wieder unter den Händen zu einem einzigen Tröpflein wird, das nur noch Frage ist, und diese Frage ist er selbst, seine Existenz, und jenseits, jenseits aller bekannten Meere ist die Antwort, die Realität, auf die alle Beziehungen, in denen er steht, hinweisen, das Subjekt all der Prädikate, der Sinn all der exotischen Buchstaben, der Ursprung all der unechten Anfänge, die zusammen sein bekanntes Leben bilden.

Aber diese Antwort, diese Realität, dieses Subjekt, dieser Sinn, dieser Ursprung ist ja eben *dort*, nicht hier. Die Antwort ist nicht die Frage. *Der dort* ist nicht *er hier*. Nach der Antwort, die als Antwort seine *Frage* wäre, nach dem Unendlichen, das als Unendliches *endlich* wäre, nach dem dort, der als der, der er dort ist, *er hier* wäre, nach Gott, der als Gott *Mensch* wäre, fragt er, wenn er nach Gott fragt. Ihm angesichts dieser Frage mit Antworten zu begegnen, die Kultur, Geistesleben und Frömmigkeit betreffen, oder auch mit einer Kritik aller dieser Größen, heißt das nicht, so gut es gemeint sein mag, ihn dahin wieder zurückschicken, woher er zu uns, zu den Theologen gekommen ist? Wollen wir denn immer wieder das Spiel mit ihm treiben, nie verstehen, wozu, zu welch allerdings unerhörtem Zweck er uns duldet und brauchen zu können meint? Warum sagen wir es ihm nicht offen heraus, wenn das im Stillen unsre Meinung ist, daß wir von Gott nicht reden wollen oder können? Oder wenn wir ernste Gründe haben, dies nicht oder nicht so zu sagen, warum machen wir uns nicht wenigstens seine *Frage* nach Gott zu eigen, zum zentralen Thema unsres Berufes?

Ich habe bis jetzt vorwiegend die Verkündigung der *Kirche* im Auge gehabt; es gilt aber grundsätzlich ganz dasselbe auch für die *Universitätstheologie*, auch wenn man von ihrer erzieherischen Aufgabe gegenüber den künftigen Pfarrern ganz absehen wollte. Auch als Glied der Universitas literarum[34] ist die Theologie ein Notzeichen, ein Zeichen, daß etwas nicht in Ordnung ist. Es gibt auch eine akademische Existenznot, die natürlich mit der des Menschen überhaupt letztlich eine und dieselbe ist. Gerade die echte Wissenschaft ist bekanntlich ihrer Sache *nicht* sicher, und zwar nicht nur da und dort, sondern im *Grunde*, in den letzten *Voraussetzungen* nicht sicher. Jede einzelne Wissenschaft kennt sehr genau das Minus, das vor ihrer Klammer steht, von dem dann mit jener gedämpften Stimme geredet zu werden pflegt, die verrät, daß es hier freilich um den Nagel gehe, an dem Alles hänge, aber auch um das Fragezeichen, das unvermeidlich hinter das im übrigen methodisch aufgebaute Ganze zu setzen sei. Denke man sich, diese Fragezeichen seien nun wirklich das Letzte, was jede Wissenschaft zu sagen hat, wie offenkundig wäre es dann, daß der vermeintliche akademische Kosmos in Wirklichkeit ein Gewirr von vereinzelten Blättern ist, die über einem Abgrund flattern! Und nun *sind* diese Fragezeichen tatsächlich das Letzte in allen Wissenschaften. Und darum, um ihres schlechten oder vielmehr um ihres trostbe-

---

[34] Körperschaft der Wissenschaften; Universität mit allen Fächern.

dürftigen Gewissens willen, duldet die Universität die Theologie in ihren Mauern, etwas verdrießlich über die Ungeduld,
mit der die Theologen ausgerechnet gerade auf das Letzte, von
dem man nicht spricht, den Finger legen, und doch – oder
täusche ich mich? – auch heimlich froh darüber, daß Jemand
sich dazu hergibt, so unwissenschaftlich zu sein und durch
lautes, bestimmtes Reden eben von diesem Letzten, von dieser unanschaulichen Mitte, auf die alles hinweist, die Erinnerung wachzuhalten, daß das Ganze, was da getrieben wird, einen Sinn haben möchte. Auch hier ist die Theologie – welches
auch die Privatmeinungen dieser und jener nicht-theologi-
schen Akademiker von ihr sein mögen – tatsächlich von der
Erwartung umgeben, daß sie ihres Amtes walte und als Antwort vertrete (sehe sie zu, wie sie sich damit abfinde!), was bei
den Andern allen, solange sie es verschweigen können und
wollen, nur als Fragezeichen im Hintergrund steht, als *möglich*, was sie alle nur als Grenzbegriff, als das Unmögliche kennen dürfen, daß sie von Gott nicht nur flüstere und munkle,
sondern *rede*, auf ihn nicht nur hinweise, sondern von ihm
herkommend ihn *bezeuge*, ihn nicht irgendwo in den Hintergrund, sondern allen methodischen Voraussetzungen, allen Wissenschaften zum Trotz in den *Vordergrund* stelle.
Wohl verstanden: das Dasein der Theologie auf der Universität läßt sich nicht etwa a priori rechtfertigen und begründen,
sondern nur als Notstandsmaßnahme, als eine, da der Not-
stand vermutlich nicht zu beheben ist, permanente Aus-
nahme von der Regel. Als solche aber läßt es sich rechtfertigen
und begründen, wie das der Kirche in der Gesellschaft, die
sich auch nicht aus deren Idee ableiten läßt. Es ist, parado-
xer-, aber unvermeidlicherweise, so: gerade als Wissenschaft
im Sinn der andern Wissenschaften hat die Theologie auf der
Universität *kein* Daseinsrecht, ist sie eine ganz unnötige Ver-

doppelung einiger in andre Fakultäten gehöriger Disziplinen. Eine *theologische* Fakultät, mit der Aufgabe, das zu sagen, was die Andern rebus sic stantibus nicht, oder nur so, daß man es nicht hört, sagen dürfen, als Notsignal wenigstens, daß das durchaus gesagt sein *müßte*, als lebendige Erinnerung, daß ein Chaos [, sei es] noch so wunderbar, darum kein Kosmos ist, als Frage- und Ausrufzeichen am äußersten Rande, nein im Unterschied zu dem, was ja auch die Philosophie tut: genau jenseits des Randes der wissenschaftlichen Möglichkeiten – das hat einen *Sinn.* Eine *religionswissenschaftliche* Fakultät dagegen hat wirklich *keinen* Sinn. Denn so gewiß das Wissen um das Phänomen der Religion dem Historiker, dem Psychologen, dem Philosophen unentbehrlich ist, so gewiß sind alle diese Forscher in der Lage, allein und ohne theologischen Beistand dieses Wissen zu gewinnen und zu pflegen. Oder sollte etwa das sogenannte »religiöse Verständnis« ein Pachtgut des zufällig theologischen Historikers und Psychologen sein, der Profanwissenschaftler die Urkunden der Religion nicht mit derselben Liebe und Sachkunde zu studieren vermögen? Wenn *das* wirklich unsre Meinung sein sollte, daß Theologie aufzugehen habe in Religionswissenschaft, dann hätten wir das Daseinsrecht auf der Universität jedenfalls verwirkt. Denn Religion ist ein Phänomen so lehrreich, aber auch so fragwürdig wie andre. Zu wissen notwendig und zu wissen möglich, jawohl. Aber gerade darum: indem ich Religion als etwas Wissens*mögliches* studiere, gestehe ich ein, daß ich mich dabei in derselben Existenznot aller Wissenschaft befinde, wie wenn ich einen Käfer studiere. Neue, besondere, gewiß sehr merkwürdige Fragen mögen mich dann beschäftigen, aber Fragen, wie alle Fragen sind, Fragen, die auf eine letzte, ungelöste Frage zurückweisen, nicht *die* Frage, die nichts Anderes als die letzte Antwort ist, um deren willen Theologie, einst die Mutter der ganzen Universität, immer noch, wenn auch etwas gesenkten Hauptes, als die erste, als etwas Besonderes neben den andern Fakultäten steht. Nicht den Finger gerührt habe ich zu jenem Wagnis, das die Andern, mögen sie von mir denken, was sie wollen, im Grunde von mir, dem Theologen erwarten.

Eine historische Anmerkung möge hier den Schluß bilden. Die Ahnenreihe, an der wir uns, wenn die soeben aus dem Wesen der Sache entwickelten Gedanken maßgebend sind, zu orientieren haben, läuft über *Kierkegaard* zu *Luther* und *Calvin*, zu *Paulus*, zu *Jeremia*. Auf diese Namen pflegen sich nun freilich Viele zu berufen. Ich möchte also verdeutlichend hinzufügen: nicht etwa auch und gleichzeitig über Martensen zu Erasmus, zu denen, die 1. Kor. 15 bekämpft werden[35], zum Propheten Hananja, der das Joch vom Halse des Propheten Jeremia nahm und zerbrach es![36] Und um ganz deutlich zu sein, möchte ich ausdrücklich darauf hinweisen, daß in der hier empfohlenen Ahnenreihe der Name *Schleiermacher fehlt*. Ich halte Schleiermacher bei allem schuldigen Respekt vor der Genialität seines Lebenswerkes darum vorläufig für *keinen* guten theologischen Lehrer, weil es bei ihm, soweit ich sehe, in der verhängnisvollsten Weise unklar bleibt, daß der Mensch als Mensch sich in *Not*, und zwar in rettungsloser Not befindet, unklar, daß auch der ganze Bestand der sogenannten Religion, und wenn es christliche Religion wäre, an dieser Not *teilnimmt*, unklar darum auch, daß von Gott reden etwas *Anderes* heißt als in etwas erhöhtem Ton vom Menschen reden. Wer etwa gerade darin Schleiermachers besondren Vorzug sehen sollte, daß er den soge-

---

[35]  Vgl. 1. Kor. 15, 12–34.
[36]  Vgl. Jer. 28,10.

nannten Dualismus, in dem etwa Luther stecken geblieben
sei, überwunden und gerade mit dem Begriff der Religion die
erwünschte und mit Ehren zu begehende Brücke zwischen
Himmel und Erde geschlagen habe, der wird nun freilich,
wenn er es nicht schon getan hat, von dem, was hier vertreten
wird, endgültig abrücken müssen. Ich kann es ihm nicht
wehren, nur den Wunsch aussprechen, er möchte sich dann
jedenfalls nicht etwa gleichzeitig auf Schleiermacher *und* die
Reformatoren, auf Schleiermacher *und* das Neue Testament,
auf Schleiermacher *und* die alttestamentlichen Propheten
berufen, sondern von Schleiermacher aufwärts eine neue Ahnenreihe sich suchen, als deren nächstes Glied etwa *Melan-
chthon* in Betracht kommen dürfte. Denn was mit den Namen Kierkegaard, Luther und Calvin, Paulus und Jeremia
bezeichnet ist, das ist unzweideutige, gänzlich unschleier-
macherische Klarheit darüber, daß Menschendienst *Gottesdienst* sein muß und nicht umgekehrt. Die Negativität und
Einsamkeit, in der Jeremia den Königen Judas, ihren Fürsten,
dem Volke im Lande, vor allem aber seinen *Priestern* und *Propheten* gegenübersteht, die das ganze Leben des Paulus cha-
rakterisierende scharfe Wendung gegen die im Judentum
verkörperte Welt der *Religion*, Luthers Bruch nicht mit der
Unfrömmigkeit, sondern mit der *Frömmigkeit* des Mittelalters, Kierkegaards Angriff auf die *Christen*heit, alles Unter-
nehmungen, auf die Schleiermacher nie gekommen wäre, sie
sind die Merkmale der Art, wie hier von *Gott* geredet wird.
Der Mensch und sein Universum, sein noch so lebendig an-
geschautes und gefühltes Universum, ein Rätsel, eine Frage,
nichts sonst. Ihm steht Gott gegenüber als das *Unmögliche*
dem Möglichen, als der *Tod* dem Leben, als die *Ewigkeit* der
Zeit. Die Auflösung des Rätsels aber, die Antwort auf die
Frage, das Ende der Existenznot ist das schlechthin neue Ge-

schehen, daß das Unmögliche *selbst* das Mögliche wird, der *Tod* das Leben, die *Ewigkeit* Zeit, *Gott* Mensch. Ein *neues* Geschehen, zu dem *kein* Weg führt, für das der Mensch *kein* Organ hat. Denn der Weg und das Organ sind selber das Neue, die Offenbarung und der Glaube, das Geschautwerden und Schauen des neuen Menschen. Nur auf den *Ernst* dieses Versuches, von Gott zu reden, möchte ich hinweisen – das Gelingen ist eine andre Frage –, auf den Einsatzpunkt. *Verstanden* ist hier auf alle Fälle die Not, in der der Mensch als Mensch sich befindet. *Verstanden* die Frage, die er in dieser Not erhebt. An diese *Not* und an diese *Frage* wird der Versuch, von Gott zu reden, angeknüpft, nicht anderswo, zerstreut aller Schein, der sie etwa als Not und Frage verhüllen könnte. Das ist seine Ernsthaftigkeit. Das ist's, warum wir an dieser geschichtlichen Linie uns orientieren und also auch aus der Geschichte den Imperativ hören: Wir sollen von Gott reden! Wäre dieser Imperativ nicht Bedrängnis genug, und wenn wir in der Lage wären, ihm zu gehorchen?

### III.

Ich wende mich zu meinem zweiten Satz: *Wir sind aber Menschen und können als solche nicht von Gott reden.* Wir denken an das Wort des Ältesten unsrer Gewährsmänner: Ach Herr, Herr, ich tauge *nicht* zu predigen![37] Er hat es stehen lassen in seinen Reden, auch als er 23 Jahre gepredigt *hatte*[38], sicher nicht als Dokument seiner Entwicklung, sondern als Überschrift über Alles, was er nachher gesagt hat: ich kann es nicht sagen. Und Jeremia war ein von Gott selbst Berufener und Geheiligter. Wir wollen die Frage nicht aufrollen, ob es so ein-

---

[37] Jer. 1,6
[38] Vgl. Jer. 25,3.

fach geht, an die Stelle der Berufung durch Gott selbst das
kirchliche Amt zu setzen, das Eine mit dem Andern zu iden-
tifizieren, so lichtvoll die Gedanken waren, mit denen Luther
das begründet hat. Nehmen wir an, wir hätten mit unserm
Amt zugleich den Verstand, d. h. unsre göttliche Berufung
und Ausrüstung bekommen, so bleibt es doch dabei: wir können als Menschen nicht von Gott reden. Wie erstaunlich die
Meinung der Andern, der Gemeinde, sie könnten uns zu-
schieben, ihnen das zu sagen, was ja freilich, wir wissen es selber nur zu gut, um jeden Preis gehört werden müßte, uns zu
delegieren, wie die Universität es tut, *das* zu sagen, was sonst
Niemand sagen kann noch darf. Wir sind auch Menschen, wir
können, was sie von uns wollen und was wir als Theologen
selber wollen müssen, ebensowenig wie sie. Wir können
nicht von Gott reden. Denn von Gott reden würde, wenn es
ernst gelten soll, heißen, auf Grund der Offenbarung und des
Glaubens reden. Von Gott reden würde heißen Gottes Wort
reden, das Wort, das nur von ihm kommen kann, das Wort,
*daß Gott Mensch wird.* Diese vier Worte können wir sagen,
aber wir haben damit noch nicht das Wort Gottes gesagt, in
dem das *Wahrheit* ist. Das zu sagen, daß *Gott Mensch* wird,
aber als *Gottes* Wort, wie es eben wirklich *Gottes* Wort ist, das
wäre unsre theologische Aufgabe. Das wäre die Antwort auf
die an uns gerichtete Frage der erschrockenen Gewissen, die
Antwort auf die Frage des Menschen nach der Erlösung seiner
Menschlichkeit. Das müßte wie mit Posaunen erschallen in
unsern Kirchen und wahrhaftig auch in unsern Hörsälen,
und aus den Kirchen und Hörsälen hinaus auf die Straßen,
wo die Menschen unsrer Zeit darauf warten, daß ihnen *das*
gesagt werde, aber anders als wir Schriftgelehrten pflegen.
Dazu stehen wir auf unsren Kanzeln und Kathedern, um ihnen *das* zu sagen. Solange wir ihnen *das* nicht sagen, reden

wir an ihnen vorbei, enttäuschen wir sie. Denn das allein, aber wohl gemerkt: als Gottes Wort, ist die Antwort, die echte Transzendenz besitzt und gerade darum die Kraft hat, das Rätsel der Immanenz aufzulösen. Denn nicht in einer Beseitigung der Frage darf diese Antwort bestehen, aber auch nicht bloß in einer Unterstreichung und Verschärfung der Frage, und endlich auch nicht in der kühnen, überaus wahren, aber in unserm Munde abwechselnd allzu eindeutigen oder allzu zweideutigen Behauptung, daß die Frage selber die Antwort sei. Nein, die Antwort muß eben die Frage *sein* und so die Erfüllung der Verheißung, das Sattwerden der Hungrigen, die Eröffnung der blinden Augen und tauben Ohren.[39] Diese Antwort sollten wir *geben*, und eben diese Antwort können wir *nicht* geben.

Ich sehe drei Wege, auf denen wir versuchen können, sie doch zu geben, und die alle drei endigen mit der Einsicht, daß wir sie nicht geben können. Es ist der dogmatische, der kritische und der dialektische Weg. Wobei zu bemerken ist, daß diese Unterscheidung nur begrifflich zu vollziehen ist. In Wirklichkeit ist noch nie ein ernstzunehmender Theologe nur den einen oder andern oder dritten gegangen. Luther etwa werden wir auf allen dreien begegnen.

Der erste ist der *dogmatische* Weg. Hier werden dem Menschen in richtiger Einsicht seiner Not und Frage, in mehr oder weniger ausdrücklicher Anlehnung an Bibel und Dogma die bekannten christologischen, soteriologischen und eschatologischen Gedanken vor Augen gestellt, die sich aus der einen These: Gott wird Mensch entwickeln lassen. Ich würde es, in Erinnerung an Luthers Predigten etwa, immer noch für besser halten, wenn man sich nicht anders zu helfen weiß,

---

[39] Vgl. Jes. 35, 5 sowie Mt. 11, 5 und Lk. 6, 21.

*diesen* Weg zu gehen, als etwa zurück[zu]kehren dazu, mit Hilfe der Geschichte, und wäre es die biblische Geschichte, Geistesleben und Frömmigkeit zu pflegen und so zu vergessen, wozu uns der Mensch *nicht* nötig hat, wonach er uns aber in Wirklichkeit *fragt*, und daß wir als Theologen von Gott reden sollen. Gegen die Orthodoxie ist gewiß Manches zu erinnern; aber in ihr lebt jedenfalls eine kräftige Erinnerung an das, was überflüssig, und an das, was nötig ist, mehr als in manchem ihrer theologischen Gegner. Und das, und wahrhaftig nicht bloß Gewohnheit und Denkträgheit, ist denn auch sicher die Ursache, daß sie immer noch und immer wieder religiös und kirchlich und sogar politisch so wirksam ist. Der Spaten wird eben einfach auf jener Seite tiefer eingesetzt. Ferner ist zu bemerken, daß auch der überzeugteste Nicht-Orthodoxe stellenweise, und zwar gerade dann, wenn er von seinen gewohnten Psychologismen zu entscheidenden Mitteilungen übergehen will, wenn auch er, wenn auch fast wider Willen, statt von Frömmigkeit von Gott reden will, gar nicht anders kann, als in dogmatischen Wendungen sich bewegen. Wenn eben einmal die entscheidende Einsicht gewonnen ist, daß nicht die Vergottung des Menschen, sondern die Menschwerdung Gottes das Thema der Theologie ist, ja wo diese Einsicht auch nur gelegentlich aufblitzt in einem Theologen, da gewinnt er Geschmack gerade an dem Objektiven, nicht als psychischer Vorgang zu Analysierenden in Bibel und Dogma, dann beginnt die ihm vorher als »supranaturalistisch« so verdächtige und mißliche Welt, in der er sich da befindet, allmählich, aber fast mühelos ihm verständlich und sinnvoll zu werden, dann sieht er ihre Gedanken sozusagen von innen oder von hinten, begreift, daß es so und nicht anders geschrieben stehen muß, manchmal bis auf entlegenste Winkel, von denen er sich nicht träumen ließ, daß er da noch heimisch werden könnte, bekommt eine gewisse Freiheit, sich in diesen ungewohnten Räumen zu bewegen, und ist vielleicht zuletzt soweit, das Apostolikum etwa mit allen seinen Härten einfach wahrer, tiefer und sogar geistreicher zu finden als das, was moderne Kurzatmigkeit an seine Stelle setzen möchte.

Aber freilich: von Gott kann man auch in den kräftigsten und lebendigst aufgefaßten Supranaturalismen nicht reden, wir können auch so nur bezeugen, daß wir es gerne möchten. Die Schwäche der Orthodoxie ist nicht der sogenannt supranaturalistische Inhalt der Bibel und des Dogmas, das ist gerade ihre Stärke, wohl aber der Umstand, daß sie, daß wir, sofern wir alle ein wenig Dogmatiker sind, nicht darüber hinauskommen, diesen Inhalt, und wäre es auch nur das Wort »Gott«, dinglich, gegenständlich, mythologisch-pragmatisch uns selbst und den Menschen gegenüberzustellen: da, das glaube nun! Wir sind wohl alle schon bei Luther auf die vielen Stellen gestoßen, wo wir z. B. angesichts des trinitarischen Dogmas einfach mit dem Bescheid stehen gelassen werden: da gelte es, sein Hütlein zu lüften und Ja zu sagen.[40] Da spüren wir, bei aller Bereitwilligkeit, die Hure Vernunft[41] totzuschlagen: so geht's jedenfalls nicht, und denken mit Bestürzung daran, wie oft wir es, ohne Luther zu sein, offen und besonders heimlich auch schon so gemacht haben. Warum geht es so nicht? Weil da die Frage des Menschen nach Gott durch die Antwort einfach niedergeschlagen wird. Nun soll er nicht mehr fragen, sondern an Stelle der Frage die Antwort haben. Er kann aber als Mensch von der Frage nicht lassen. Er selbst,

---

[40]  Vgl. Martin Luther in einer Torgauer Predigt 1533, WA 37; 40,19.

[41]  Vgl. Martin Luther in einer Predigt 1521, WA 9; 559,28 f. und in: Wider die himmlischen Propheten, WA 18; 164,25–27.

der Mensch, ist ja die Frage. Soll ihm Antwort werden, so muß sie seine Natur annehmen, selber zur Frage werden. Das heißt nicht von Gott reden, etwas, und wäre es das Wort »Gott«, vor den Menschen hinstellen mit der Aufforderung, das nun zu glauben. Das ist's ja, daß der Mensch das *nicht* glauben kann, was bloß *vor* ihm steht, das nicht *als* das, was es *dort* ist, auch *hier* wäre – daß er *nicht* glauben kann, was sich ihm nicht *offenbart*, die Kraft und das Vollbringen nicht hat, *zu ihm* zu kommen. Bloß Gott ist nicht Gott. Er könnte auch etwas Anderes sein. Der Gott, der sich offenbart, ist Gott. Der Gott, der Mensch wird, ist Gott. Und der Dogmatiker redet nicht von diesem Gott.

Der zweite Weg ist der *kritische*. Hier wird nun allerdings sehr deutliche, erschreckend deutliche Anweisung zur Menschwerdung Gottes gegeben. Da wird dem Menschen empfohlen, er habe, um Gottes teilhaftig zu werden, als Mensch zu sterben, aller Eigenheit, Selbstheit, Ichheit sich zu begeben, ganz still, ganz einfach, ganz direkt zu werden, nur noch empfänglich schließlich zu sein, wie die Jungfrau Maria, als der Engel zu ihr trat: Ich bin des Herrn Magd, mir geschehe, wie du gesagt hast![42] Kein Dies und Das sei ja Gott, kein Ding, kein Etwas, kein Gegenüber, kein Zweites, sondern das reine, qualitätslose, Alles erfüllende Sein, dem nur das partikulare Eigensein des Menschen im Wege stehe. Falle dies endlich und zuletzt dahin, dann werde es gewißlich zu der Geburt Gottes in der Seele kommen. Der Weg der Mystik, auch er wahrhaftig beachtenswert! Wer dürfte da sofort schelten, wo mit den Besten des Mittelalters auch der junge Luther eine Strecke weit mit Begeisterung mitgegangen ist? Sehr beachtenswert ist auch hier die Einsicht, daß es sich,

---

[42]   Lk. 1, 38.

wenn von Gott die Rede sein soll, auf keinen Fall darum handeln kann, dem Menschen beim Aufbau, sondern vielmehr
grundsätzlich beim Abbau seiner Existenz behilflich zu sein,
die Einsicht, daß der Mensch wirklich nach dem fragt, der *er
nicht* ist. Darum nenne ich den mystischen Weg, der sich auch
als Idealismus verstehen läßt, den kritischen, weil sich hier
der Mensch unter ein Gericht, in eine Negation hineinstellt,
weil es hier so klar erkannt ist: Der Mensch als Mensch ist das,
was überwunden werden muß. Wir sind auch auf diesem Weg
Alle schon betroffen worden und werden es nie aufgeben können, ihn streckenweise zu begehen, wie auch Luther ihn nie
ganz aufgegeben hat. Dem in seiner Kultur oder Unkultur
sich aufblähenden, dem in seiner Moral und Religiosität sich
so titanisch gen Himmel reckenden Menschen wird man immer wieder sagen müssen, daß er, von Aufhebung zu Aufhebung schreitend, warten, klein, zunichte werden lernen, daß
er sterben müsse. Diese Lehre von der Katastrophe des Menschen als solchen ist ein Stück Wahrheit, das, was sich auch
gegen die Mystik einwenden läßt, nicht ungestraft vernachlässigt werden könnte. Die Stärke dieses Redens liegt dort, wo
die Schwäche des dogmatischen liegt: hier geschieht etwas,
hier werden wir nicht stehen gelassen mit dem Bescheid, wir
müßten eben glauben, hier wird der Mensch in der ernsthaftesten Weise angegriffen, hier wird Gott so energisch Mensch,
daß vom Menschen sozusagen gar nichts übrig bleibt. Unendlich viel besser natürlich auch das, als der paganistische
Kultus des Geisteslebens und der Frömmigkeit.

Aber auch so kann man von Gott nicht reden. Denn daß
das nun Gott sei, was da den Menschen, ihn selber vernichtend, erfüllen will, dieser Abgrund, in den der Mensch sich
stürzen, diese Finsternis, in die er sich begeben, dieses Nein,
unter das er sich stellen soll, daß das alles *Gott* sei, das pfleg-

ten die Mystiker und wir alle, sofern wir auch ein wenig Mystiker sind, mit ihnen zwar zu *behaupten*, wir sind aber nicht in der Lage, es zu *zeigen*. Der Inhalt der Botschaft, dessen wir *sicher* sind, das, was wir *zeigen* können, das ist immer nur die Negation, die Negativität des Menschen. Und wenn wir nun daran denken, daß der Mensch von dieser Negativität seiner Existenz, von diesem Fragezeichen jenseits aller seiner Lebensinhalte ja gerade *her*kommt, so muß es uns doch stutzig machen, daß wir auf dem kritischen Wege eigentlich nichts Anderes tun, als daß wir ihm dieses Fragezeichen irgendwie riesengroß machen. Gewiß, das wird immer wieder gut sein, ihn darüber zu verständigen, daß die Frage, mit der er sich an uns gewandt hat, noch ganz anders radikal ist, als er sich in den zufälligen Verlegenheiten seines Lebens einbildete, immer wieder gut, seine Kultur und Unkultur in das blendende Licht des unendlichen Abstandes von Schöpfer und Geschöpf zu rücken und ihm so klar zu machen, was er eigentlich will, wenn er in seiner Not nach Gott schreit. Aber vergessen wir nicht: keine Negation, die wir ihm empfehlen können (und wenn wir ihm Selbstmord empfehlen würden!), ist so groß, so prinzipiell wie die Negation, auf die alles Negieren doch nur hinzielen kann, die Negation, die unmittelbar erfüllt ist von der Positivität Gottes. Über eine gewaltige Verschärfung der Frage als Frage kommen wir mit der schärfsten Kritik des Menschen nicht hinaus. Das heißt nur noch einmal den Ort bezeichnen, richtig bezeichnen allerdings, den Ort, wo von Gott allenfalls die Rede sein kann, wenn man den Menschen in Frage stellt. Das heißt aber noch nicht von Gott reden. Das ist's noch nicht. Auch der Angriff Luthers und Kierkegaards auf die Christenheit war's ja noch nicht! Das Kreuz wird dabei aufgerichtet, aber die Auferstehung wird so nicht verkündigt, und darum ist es endlich und zuletzt doch nicht das Kreuz Christi, was da aufgerichtet wird, sondern irgend ein anderes Kreuz. Das Kreuz Christi brauchte wohl nicht erst von *uns* aufgerichtet zu werden! Die Frage hat keine Antwort bekommen. Nicht *Gott* ist da Mensch geworden, sondern der *Mensch* ist da wieder einmal und nun erst recht Mensch geworden, und das ist kein heilvoller Vorgang. Erst recht ragt nun seine Subjektivität wie eine abgebrochene Säule in ganzer Herrlichkeit gen Himmel. Nur wo *Gott* (in jener Objektivität, von der die Orthodoxie nur zu viel weiß!) Mensch wird, mit seiner *Fülle* eingeht in unsre Leere, mit seinem *Ja* in unser Nein, nur da ist von Gott geredet worden. Die Mystiker, und wir mit ihnen, reden nicht von diesem Gott.

Der dritte Weg ist der *dialektische*. Er ist, nicht nur weil er der paulinisch-reformatorische ist, sondern wegen seiner sachlichen Überlegenheit, weitaus der beste. Die großen Wahrheiten des dogmatischen und des kritischen Weges sind hier vorausgesetzt, aber auch die Einsicht in ihre Stückhaftigkeit, in ihre bloß relative Zulänglichkeit. Hier ist mit dem positiven Entfalten des Gottesgedankens einerseits und mit der Kritik des Menschen und alles Menschlichen andrerseits von vornherein Ernst gemacht; aber beides darf nun nicht beziehungslos geschehen, sondern unter beständigem Hinblick auf ihre gemeinsame Voraussetzung, auf die lebendige, selber freilich nicht zu benennende Wahrheit, die in der Mitte steht und beiden, der Position und der Negation, erst Sinn und Bedeutung gibt. Daß Gott (aber wirklich Gott!) Mensch (aber wirklich Mensch!) wird, das ist da gleichmäßig gesehen als jenes Lebendige, als der entscheidende Inhalt eines wirklichen Von-Gott-Redens. Wie aber soll nun die notwendige Beziehung von beiden Seiten auf diese lebendige Mitte hergestellt werden? Der echte Dialektiker weiß, daß diese Mitte unfaßlich und unanschaulich ist, er wird sich also möglichst selten

zu direkten Mitteilungen darüber hinreißen lassen, wissend,
daß alle direkten Mitteilungen *darüber*, ob sie nun positiv
oder negativ seien, *nicht* Mitteilungen *darüber*, sondern
eben immer *entweder* Dogmatik *oder* Kritik sind. Auf diesem
schmalen Felsengrat kann man nur gehen, nicht stehen,
sonst fällt man herunter, entweder zur Rechten oder zur Linken, aber sicher herunter. So bleibt nur übrig, ein grauener-
regendes Schauspiel für alle nicht Schwindelfreien, Beides,
Position und Negation, *gegenseitig aufeinander* zu beziehen,
Ja am Nein zu verdeutlichen und Nein am Ja, ohne länger als
einen Moment in einem starren Ja *oder* Nein zu verharren,
also z. B. von der Herrlichkeit Gottes in der Schöpfung nicht
lange anders zu reden als (in Erinnerung an Röm. 8 etwa)[43]
unter stärkster Hervorhebung der gänzlichen Verborgenheit,
in der sich Gott in der Natur für unsre Augen befindet, vom
Tod und von der Vergänglichkeit nicht lange anders als in Erinnerung an die Majestät des ganz andern Lebens, das uns gerade im Tod entgegentritt, von der Gottebenbildlichkeit des
Menschen um keinen Preis lange anders als mit der Warnung
ein für allemal, daß der Mensch, den wir kennen, der gefal-
lene Mensch ist, von dessen Elend wir mehr wissen als von
seiner Glorie, aber wiederum von der Sünde nicht anders als
mit dem Hinweis, daß wir sie nicht erkennen würden, wenn
sie uns nicht vergeben wäre. Was das heißt, daß Gott den
Menschen gerecht macht, das läßt sich nach Luther nicht anders erklären denn als justificatio impii.[44] Der impius[45] aber
soll, indem er weiß und hört, daß er das ist und nichts Ande-

---

43  Röm. 8, 19–22.
44  Rechtfertigung des Sünders, vgl. Röm 4,5.
45  Sünder.
46  Gerechter.

res, sich sagen lassen, daß er, gerade er ein justus[46] ist. Die einzig mögliche Antwort auf die wirklich gewonnene Einsicht in die Unvollkommenheit alles menschlichen Werkes ist die, sich frisch an die Arbeit zu machen. Wenn wir aber Alles getan haben, was wir zu tun schuldig sind, so sollen wir sprechen: wir sind unnütze Knechte.[47] Alle Gegenwart ist nur wert gelebt zu werden im Hinblick auf die ewige Zukunft, auf den lieben jüngsten Tag. Aber wir sind Phantasten, wenn wir meinen, daß die Zukunft des Herrn nicht in eben unsrer Gegenwart unmittelbar vor der Türe stehe. Ein Christenmensch ist ein freier Herr über alle Dinge und Niemand untertan. Ein Christenmensch ist ein dienstbarer Knecht aller Dinge und Jedermann untertan.[48] Ich brauche nicht fortzufahren. Wer's merkt, merkt's, wie's gemeint ist, wo so geredet wird. Er merkt's, daß gemeint ist: die Frage ist die Antwort, weil die Antwort die Frage ist. Er freut sich also der ihm durchaus vernehmbar gewordenen Antwort, um im selben Augenblick erst recht und aufs Neue zu fragen, weil er ja die Antwort nicht hätte, wenn er nicht immer wieder die Frage hätte.

Der Zuschauer freilich, ein »Flachlandbewohner« wahrscheinlich, steht verblüfft daneben und merkt von Allem nichts, jammert jetzt über Supranaturalismus und jetzt über Atheismus, sieht jetzt den alten Marcion aus seinem Grab hervorgehen und jetzt Sebastian Frank, was doch wirklich nicht ganz dasselbe ist, und jetzt gar Schellingsche Identitätsphilosophie,[49] erschrickt jetzt über eine Weltverneinung, bei der ihm Hören und Sehen vergeht, und ärgert sich jetzt darüber, daß gerade auf diesem Weg eine Weltbejahung mög-

---

[47] Lk. 17,10.
[48] Martin Luther, Von der Freiheit eines Christenmenschen, WA 7;21,1–4.
[49] Die Philosophie Schellings zwischen 1801 und 1806.

lich sein soll, wie er sie sich nie hat träumen lassen, bäumt sich jetzt gegen die Position auf und jetzt gegen die Negation und dann wieder gegen den »unversöhnlichen Widerspruch«, in dem beide zueinander stehen. Was soll ihm der Dialektiker, wahrscheinlich ein »Sohn der Berge«, Anderes antworten als: Mein Freund, du mußt einsehen, daß du, wenn du nach *Gott* fragst, und wenn nun wirklich von *Gott* die Rede sein soll, von *mir* etwas Anderes nicht erwarten darfst. Ich habe getan, was ich konnte, um dich darauf aufmerksam zu machen, daß mein Bejahen wie mein Verneinen nicht mit dem Anspruch auftreten, die Wahrheit Gottes zu sein, sondern mit dem Anspruch, *Zeugnis* zu sein von der Wahrheit Gottes, die in der Mitte, jenseits von allem Ja und Nein steht. Und darum eben habe ich nie bejaht, ohne zu verneinen, nie verneint, ohne zu bejahen, weil das Eine wie das Andre nicht das Letzte ist. Wenn mein *Zeugnis* von diesem Letzten von der Antwort, die du suchst, dir nicht genügt, so tut mir das leid. Es kann sein, daß ich noch nicht deutlich genug davon gezeugt, d. h. daß ich Ja durch Nein und Nein durch Ja immer noch nicht kräftig genug aufgehoben habe, um alles Mißverständnis zu verhindern, so kräftig, daß dir nichts übrig blieb, als zu sehen, worauf Ja und Nein, Nein und Ja sich beziehen. Es könnte aber auch sein, daß das Versagen meiner Antwort davon herrührt, daß du noch gar nicht richtig *gefragt*, nach *Gott* gefragt hast, sonst müßten wir uns doch verstehen. So könnte der Dialektiker antworten und würde damit dem Zuschauer gegenüber wahrscheinlich, vielleicht im Rechte sein.

Ja *vielleicht,* aber vielleicht auch *nicht,* vielleicht nicht einmal dem Zuschauer gegenüber! Denn auch das dialektische Reden leidet an einer in der Sache liegenden Schwäche. Sie zeigt sich darin, daß der Dialektiker, wenn er überzeugen will, darauf angewiesen ist, daß ihm auf Seiten seines Unterredners die Frage nach Gott schon *entgegenkommt*. Redete er wirklich von Gott, gäbe er also die Antwort, die zugleich die Frage ist, dann dürfte die Situation nicht eintreten, daß er seinen Unterredner kopfschüttelnd stehen lassen muß mit dem Bescheid, er habe eben die rechte Frage noch nicht. Er würde besser über sich selbst den Kopf schütteln, daß *er* offenbar die rechte *Antwort* noch nicht habe, die Antwort, die dann auch die Frage des Unterredners wäre. Sein Reden beruhte eben auf einer schwerwiegenden Voraussetzung, nämlich auf der Voraussetzung jener lebendigen, ursprünglichen Wahrheit dort in der Mitte. Sein Reden selbst aber war nicht ein Setzen dieser Voraussetzung, konnte und durfte es ja auch nicht sein, sondern ein Bejahen und Verneinen, das sich freilich auf diese Voraussetzung, auf diesen Ursprung bezog, aber zunächst doch auch das nur in Form einer *Behauptung*, daß dem so sei. *Eindeutig* klang die Behauptung zur Rechten, eindeutig die zur Linken, und *zweideutig*, sehr zweideutig die zusammenfassende Behauptung, daß mit Behauptung links und Behauptung rechts schließlich dasselbe behauptet sei. *Wie kommt es dazu, daß menschliches Reden in notwendiger, in zwingender Weise bedeutsam, zeugniskräftig wird?*, das ist das Problem, das sich auf dem Boden der dialektischen Methode darum besonders lebhaft stellt, weil hier alles getan ist, was getan werden konnte, um es bedeutsam und zeugniskräftig zu machen. Denn *wenn* dialektisches Reden sich als bedeutsam und zeugniskräftig erwies – und an einigen Unterrednern Platos, des Paulus und der Reformatoren scheint es sich als das erwiesen zu haben –, dann nicht auf Grund dessen, was der Dialektiker tut und kann, nicht auf Grund seines Behauptens, das in der Tat fragwürdig ist, fragwürdiger, als der entrüstete Zuschauer solcher Kunst ahnt, sondern auf Grund dessen, daß in seinem immer eindeutigen und zweideutigen

71

Behaupten die lebendige Wahrheit in der Mitte, die Wirklichkeit Gottes *selbst* sich behauptete, die Frage, auf die es ankommt, schuf, und die Antwort, die er suchte, ihm *gab*, weil sie eben Beides, die rechte Frage und die rechte Antwort *war*.

Aber diese Möglichkeit, die Möglichkeit, daß Gott *selbst* spricht, wo von ihm gesprochen wird, liegt nicht auf dem dialektischen Weg als solchem, sondern dort, wo auch dieser Weg *abbricht*. Den Behauptungen des Dialektikers kann man sich, wie der Augenschein lehrt, auch entziehen. Der Dialektiker als solcher ist nicht besser dran als der Dogmatiker und der Kritiker. Ihre eigentliche Schwäche, ihr Unvermögen, wirklich von *Gott* zu reden, ihr Zwang, immer von etwas Anderem reden zu müssen, das alles erscheint sogar beim Dialektiker potenziert: gerade *weil* er *alles* sagt und alles im Hinblick auf die lebendige Wahrheit selbst, muß ihm die unvermeidliche Abwesenheit dieser lebendigen Wahrheit in seinem Alles-Sagen nur um so schmerzlicher zum Bewußtsein kommen. Und auch wenn nun jenseits seines Alles-Sagens das geschehen sollte, was Allem erst Sinn und Wahrheit gibt, auch wenn nun Gott selbst seinem Unterredner das Eine sagen sollte, sein eigenes Wort, auch dann, ja *gerade* dann ist er, der Dialektiker, als solcher ins Unrecht gesetzt und kann nur bekennen: Wir können nicht von Gott reden. Denn daß Gott selbst spricht, das kann auch jenseits dessen geschehen, was die Andern, der Dogmatiker und der Kritiker und vielleicht noch viel primitivere Gottesredner sagen. Es ist ja nicht einzusehen, wieso etwa gerade die dialektische Theologie *vorzüglicherweise* in der Lage sein sollte, auch nur bis unmittelbar *vor* diese nur von innen zu eröffnende Pforte zu führen. Wenn sie etwa wähnen sollte, eine besondere Höhe zu bedeuten, wenigstens als Vorbereitung auf das, was Gott tut, so möge sie sich klar machen, daß ein simples direktes

Wort des Glaubens und der Demut *dazu* denselben Dienst tun kann wie sie mit ihren Paradoxien. Im Verhältnis zum Reiche Gottes kann alle Pädagogik gut und alle schlecht sein – ein Schemel hoch genug und die längste Leiter zu kurz, um das Himmelreich zu stürmen.

Und wer das Alles nun etwa eingesehen, die Möglichkeiten aller dieser Wege (ich nannte nur die, die ernsthaft in Betracht kommen) durchprobiert haben sollte – und klar oder unklar hat jeder Theologe diese Einsicht und Erfahrung –, sollte der nicht in Bedrängnis sein?

## IV.

Mein dritter Satz lautet: *Wir sollen Beides,* daß wir von Gott reden sollen und nicht können, *wissen und eben damit Gott die Ehre geben.* Zu diesem Satz ist nicht viel zu bemerken. Er kann nur als Schlußstrich dastehen und bedeuten, daß alles so gemeint ist, wie es gesagt ist.

Das Wort Gottes ist die ebenso notwendige wie unmögliche Aufgabe der Theologie. Das ist das Ergebnis des Bisherigen, und das Bisherige ist das Ganze, was ich zu diesem Thema zu sagen habe. Was nun, angesichts dieses Ergebnisses? Zurückkehren in die Niederungen, wo man scheinbar Theologe und in Wirklichkeit etwas ganz Anderes ist, etwas, was die Anderen auch sein könnten und wozu sie uns im Grunde *nicht* brauchen? Ich fürchte, auch wenn wir eines solchen Gewaltakts fähig wären, die Logik der Sache würde uns bald eben dahin zurückführen, wo wir stehen. Oder vom redenden zur Abwechslung zum *schweigenden* Dienst übergehen? Als ob es etwa leichter und möglicher wäre, vor Gott (wirklich vor *Gott*) zu schweigen, als von ihm zu reden! Was soll das Spiel? Oder der Theologie Valet sagen, unser Amt an den Nagel hängen und irgend etwas von dem werden, was die glücklichen Andern sind? Aber die Andern sind nicht glücklich, sonst wären wir nicht da. Die Bedrängnis unsrer Aufgabe ist nur das Zeichen der Bedrängnis aller menschlichen Aufgaben. Wenn wir es nicht wären, müßten eben andere Theologen sein unter denselben Umständen. Die Frau kann auch nicht von den Kindern weglaufen und der Schuster nicht von seinem Leisten, und wir können überzeugt sein, daß die Dialektik etwa der Kinderstube nicht minder angreifend ist als die Dialektik unsrer theologischen Studierstube. Die Theologie aufgeben hat so wenig Sinn wie sich das Leben zu nehmen; es wird nichts, gar nichts anders dadurch. Also ausharren, nichts weiter. Wir sollen eben Beides, die Notwendigkeit und die Unmöglichkeit unsrer Aufgabe *wissen*. Was heißt das?

Den Blick fest und unverwandt auf das richten, was von uns erwartet ist, da wir nun einmal dahingestellt sind, wo wir stehen. Was daraus wird und ob man mit uns zufrieden ist, sind keine Fragen. Einordnen läßt sich unsre Aufgabe in das Ganze des bekannten Menschenlebens, in Natur und Kultur nur dort, wo die Frage entsteht, wie sich dieses Ganze etwa seinerseits in die Welt und Schöpfung Gottes einordne. Diese Frage kann vom Menschen aus gesehen immer nur eine Frage sein. Einordnen läßt sich also unsre Aufgabe nur als das Nichteinzuordnende. Von daher die Logik, der kategorische Imperativ der Sachlichkeit, der unserm Beruf innewohnt so gut wie jedem Beruf, der nun aber für unsern Beruf *diesen* Inhalt hat. Mehr kann nicht von uns verlangt werden, als daß wir diesen kategorischen Imperativ starr ins Auge fassen, wie z. B. jeder Eisenbahnbeamte es auch tun muß. Das aber *ist* von uns verlangt.

Und ebenso genau ist zu bedenken, daß es mit unsrer Aufgabe so steht, daß von Gott nur Gott *selber* reden kann. Die

Aufgabe der Theologie ist das Wort Gottes. Das bedeutet die sichere *Niederlage aller* Theologie und *aller* Theologen. Auch hier gilt es, dem, was zu sehen ist, nicht auszuweichen, nicht links noch rechts auszublicken nach einer von den vielen erbaulichen oder unerbaulichen Verschleierungen und Bemäntelungen des Tatbestandes, die allerdings möglich sind. Wir müssen uns klar sein darüber, daß wir, und wenn wir Luther und Calvin wären, und welchen Weg wir auch einschlagen mögen, so wenig ans Ziel kommen werden, wie Moses in das gelobte Land gekommen ist. So gewiß wir irgendeinen Weg gehen müssen und so gewiß es sich wahrhaftig lohnt, wählerisch zu sein und nicht den ersten besten Weg zu gehen, so gewiß müssen wir bedenken, daß das Ziel unsrer Wege das ist, daß Gott selber rede, und dürfen uns also nicht wundern darüber, wenn uns überall am Ende unsrer Wege, und wenn wir unsre Sache noch so gut gemacht hätten, ja dann am meisten, der Mund *verschlossen* wird.

Dreierlei möchte ich zum Schluß noch sagen.

1. Fast wage ich es nicht und wage es nun doch zu hoffen, daß Niemand nachher komme und mich frage: Ja, was sollen wir denn nun tun? wie denkst du dir's nun, was in der Kirche und auf der Universität zu geschehen hätte, wenn *das* die Situation ist? Ich habe Ihnen keine Vorschläge zu unterbreiten, weder über die Reform des Pfarramts noch über die Reform des theologischen Wissenschaftsbetriebes. Es handelt sich nicht *darum*. Es scheint mir, daß wir nicht darüber reden sollten, was zu tun ist, *wenn* unsre Situation die ist, sondern darüber, ob wir anerkennen wollen, *daß* unsre Situation die ist, die hier gezeichnet wurde. Auf Grund dieser Anerkennung würde dann vielleicht in der Kirche und auf der Universität Einiges anders zu machen sein, als es gemacht wird. Vielleicht auch nicht. Nur auf Grund jener Anerkennung

wäre ein Gespräch darüber möglich und nützlich. Aber noch einmal: es kommt jetzt nicht *darauf* an.

2. Unsere Bedrängnis ist auch unsre Verheißung. Wenn *ich* das sage, so ist es ein dialektischer Satz wie ein andrer. Und wir wissen nun, wie es mit der Dialektik steht. Da kann Jeder sagen: ich danke für eine Verheißung, die ich nur als Bedrängnis erfahren kann!, und ich kann ihm nicht antworten. Aber es könnte ja sein, daß nicht nur *ich* das sage, daß unsre Bedrängnis unsre Verheißung ist. Es könnte ja sein, daß das die lebendige Wahrheit wäre, die über Ja und Nein ist, die Wirklichkeit Gottes, über die ich nicht zu verfügen habe mit einer dialektischen Umkehrung, in der es aber aus eigener Macht und Liebe verfügt sein könnte, daß Verheißung eingegangen ist in unsre Bedrängnis, daß das Wort, das Wort Gottes, das wir nie sprechen werden, angenommen hat unsre Schwachheit und Verkehrtheit, so daß *unser* Wort *in* seiner Schwachheit und Verkehrtheit fähig geworden wäre, wenigstens Hülle und irdenes Gefäß des Wortes Gottes zu werden.[50] Es könnte sein, sage ich, und wenn es so wäre, dann hätten wir allen Anlaß, statt von der Not, laut und stark von der Hoffnung, von der verborgenen Herrlichkeit unsres Berufes zu reden.

3. Ich habe das *eigentliche* Thema meiner Darlegungen einigemal berührt, aber nie ausdrücklich genannt. Alle meine Gedanken kreisten um den einen Punkt, der im Neuen Testament Jesus Christus heißt. Wer »Jesus Christus« sagt, der darf nicht sagen: »es könnte sein«, sondern: es *ist*. Aber wer von *uns* ist in der Lage, »Jesus Christus« zu sagen? *Wir* müssen uns vielleicht begnügen mit der Feststellung, daß Jesus Christus *gesagt* ist von seinen ersten Zeugen. Auf ihr Zeugnis

---

[50] Vgl. 2. Kor. 4, 7.

hin zu glauben an die Verheißung und also Zeugen von ihrem Zeugnis zu sein, also *Schrift*theologen, das wäre dann unsre Aufgabe. Mein Vortrag ist alttestamentlich gemeint und reformiert. Ich habe ja als Reformierter – und nach meiner Meinung natürlich nicht nur als das – die Pflicht, gegenüber dem lutherischen est wie gegenüber der lutherischen *Heilsgewiß-heit* eine gewisse letzte *Distanz* zu wahren. Ob die Theologie über die *Prolegomena* zur Christologie je hinauskommen kann und soll? Es könnte ja auch sein, daß mit den Prolegomenen *Alles* gesagt ist.

# B
# Erläuterungen

## 1. Karl Barth im Jahr 1922: Herkunft und Kontexte

Als Karl Barth im Juli 1922 den Vortrag *Not und Verheißung der christlichen Verkündigung* hielt, war er seit einem Dreivierteljahr Honorarprofessor für reformierte Theologie an der Theologischen Fakultät der Universität Göttingen. Die Professur, die nicht zur engeren Fakultät zählte, war im lutherisch geprägten Göttingen neu eingerichtet worden. Die Berufung dorthin verdankte der Schweizer Pfarrer Barth nicht akademischen Qualifikationsarbeiten im universitären Kontext, sondern einem auf der Jahreswende 1919/20 erschienenen Buch, das den Titel trug: *Der Römerbrief. Von Karl Barth*. Barth hatte diesen selbstbewussten Kommentar zum Römerbrief des Apostels Paulus in seinem Pfarramt im aargauischen Industriedorf Safenwil geschrieben, das er seit 1911 bekleidete. Das Buch war ein großer literarischer Erfolg, obwohl – oder weil – es sich nicht der üblichen historisch-kritischen, vorwiegend analytisch-distanziert operierenden wissenschaftlichen Methodik bediente, sondern einen religiös authentischen Zugriff auf den Text des Paulus wagte.

Der Safenwiler Pfarrer Karl Barth tritt mit einem religiös bewegten Bibelkommentar in die literarische Öffentlichkeit und findet dort so viel Gehör, dass ihm eine, allerdings nach akademischem Urteil randständige, Universitätsprofessur angetragen wird, die ihm die Basis verschafft, in Theologie und Kirche weiter zu wirken. Das ist die Ausgangskonstellation im Jahr 1922. Von ihr aus lassen sich die Umrisse der theologischen Landschaft der Zeit ebenso wie das damalige Profil von Barths Theologie nachzeichnen. Es zeigt sich dabei, warum dieser biographische Weg mit der Sache zu tun hat, um die es in der Theologie geht.

Karl Barth, 1886 in Basel geboren, wuchs in Bern auf, wo

sein Vater Fritz Barth als Professor für Kirchengeschichte und Neues Testament tätig war. Er entstammte einem bürgerlich-reformierten Elternhaus, das überdies von einer lebendigen Frömmigkeit geprägt war. Der theologisch eher konservativ gesonnene, aber den Zeitfragen aufgeschlossen begegnende Vater wurde für Karl ein kritisches Gegenüber in der Studienzeit, als er nach dem Beginn seines Theologiestudiums in Bern nach Berlin wechselte, um dort u. a. bei dem historisch-kritisch arbeitenden Liberalen Adolf von Harnack zu studieren. Fritz Barth verlangte von seinem Sohn ein weiteres Studienjahr in dem »positiv« ausgerichteten Tübingen (bei Adolf Schlatter), bevor er dann dessen Wunsch entsprach, nach Marburg zu Wilhelm Herrmann, dem liberalen Schüler Albrecht Ritschls, zu ziehen. Im Jahr 1908 legte Karl Barth das erste theologische Examen in der Schweiz ab.

Man kann sich an diesem verzweigten Studienweg gut die Lage der evangelischen Theologie in Deutschland um die Jahrhundertwende klarmachen. Eine bestimmende Figur für die Konstellationen der Zeit war der Göttinger Theologe Albrecht Ritschl. Ritschl hatte im letzten Drittel des 19. Jahrhunderts ein theologisches Programm entfaltet, in dem er die Anforderungen an ein modernes Christentum, wie sie vor allem durch die kritische Philosophie Immanuel Kants vorgegeben waren, mit dem biblischen Grundbegriff des Reiches Gottes verknüpft hatte. Die Pointe seiner Theologie bestand in der Einsicht, dass das Christentum der modernen Sittlichkeit, die gesellschaftlich als Prüfstein anerkennungsfähiger Religion in der Gegenwart angesehen wird, nicht nur standhält, sondern sogar vollendet, was sie aus eigener Kraft nicht vermag. Denn im Begriff des Reiches Gottes sind alle sittlichen Momente, auf die es in der Moderne ankommt, nicht nur als Forderung vorhanden, sondern in einem einzigen

81

Lebensvorgang miteinander verbunden: ein universales Ziel aller Handlungen, eine verbindliche Pflicht für den einzelnen Menschen und insbesondere eine freie Motivation zum Tun des Guten in Überwindung des Hangs zum Bösen. Ritschl war bestrebt, dieses Bild des Christentums als theologisch zutreffend auszuweisen und als historisch schlüssig zu vermitteln.

Dieser zuversichtlichen Einschätzung war die Theologie nach Ritschl nicht gefolgt. Sie nahm das von Ritschl wahrgenommene Problem, die Verbindung von Religion und Moderne, vielmehr auf zwei anderen Wegen in Angriff. Der eine Zugang wurde von Wilhelm Herrmann entwickelt. Er war der Auffassung, dass sich die religiöse Wirklichkeit ganz auf den Moment konzentriert, in dem es in einem Menschen zu einem Zutrauen in den Sieg des Guten kommt. Denn der Zweifel am Gelingen des Guten hat die moderne Welt tiefgründig bestimmt. Hat sich die innere Wendung von Zweifel und Unsicherheit zu Vertrauen und Zuversicht einmal ereignet, dann steht der Weg zum Guten auch im Handeln offen. Es ist für Herrmann vor allem das Bild Jesu, das diesen Wandel auslöst und stabilisiert, wenn man sich seinem Eindruck öffnet. Der andere theologische Umgang mit Ritschls Grundproblem setzte nicht auf die innere Verfasstheit des einzelnen Menschen, sondern auf die Wirkung der Religion in der Geschichte. Dort nämlich, in den weltgeschichtlichen Verschiebungen und den Wertentscheidungen, die darin getroffen werden, muss sich unter Beweis stellen, was es mit der Religion auf sich hat. Adolf von Harnack vertrat diese Position mit historischer Akribie und brachte sie in seinen kirchengeschichtlichen Arbeiten zum Leuchten. Ihre systematische Ausarbeitung verdankte sie jedoch Ernst Troeltsch, der sie in einen kultur- und religionsgeschichtlichen Kontext einzeichnete und damit über eine enge Fachtheologie hinausging. Troeltsch argumentierte dafür, dass die Religion, gerade in ihren sozialen Gestaltungen, als Horizont für eine humane Entwicklung der Gesellschaft nötig sei.

Während in diesen theologischen Konzeptionen, die aus der Aufspaltung der Ritschlschen Schule entstanden, auf die innere und in sich widersprüchliche Verfasstheit des modernen Geistes eingegangen wurde, stand eine eher »positive« Theologie der Moderne insgesamt entschieden kritisch gegenüber. Hier wurde, etwa von Adolf Schlatter, die Option vertreten, dass die religiösen Bestände des Christentums sich gegen die Zersetzungstendenzen der modernen Welt behaupten müssten und auch behaupten ließen.

Insgesamt spiegelt sich in der Ausfaltung der theologischen Positionen um 1900 die Lage wider, die grundsätzlich schon von Friedrich Schleiermacher, ein Jahrhundert zuvor, erkannt wurde, dass nämlich die Geschichte der modernen Welt eine vertiefte Stellungnahme und Selbstauskunft des Christentums erfordert, insbesondere durch die Theologie als dessen intellektuelles Steuerungszentrum. Bereits Schleiermacher hatte auf eine Vereinbarung von Christentum und moderner Welt gedrungen und vorsichtig-integrative Schritte dazu skizziert. Die Entwicklungen von Wirtschaft, Staat und Gesellschaft im weiteren Verlauf des 19. Jahrhunderts freilich hatten die Anforderungen an das von Schleiermacher entworfene Programm deutlich erhöht. Die Veränderungen wurden vor allem vorangetrieben vom expansiven Wirtschaftsmodell des Kapitalismus, dessen Dynamik die Nationalstaaten des 19. Jahrhunderts in umfassende Konflikte stürzte. Die alles verändernde Kraft dieser Umwälzungen hatte die umfassende geschichtliche Weltanschauung, den sogenannten Historismus, zur Seele des modernen Geistes gemacht. In Verbindung damit waren die Ansprüche an die sittliche Lebensführung der Individuen gewachsen, da die einander widerstrebenden gesellschaftlichen Kräfte die ehemals geltenden moralischen Verbindlichkeiten unterhöhlt hatten. Der Erste Weltkrieg ließ die schon vorher angelegten Spannungen explodieren. In den Stellungskämpfen der Kriegshandlungen mit ihren Abertausenden von Toten wurde der Zusammenbruch der alten Ordnung brutal vor Augen geführt. Mit der alten, im Grunde noch vorbürgerlichen Ordnung, die eine Integration von individuellem Leben und gesellschaftlicher Allgemeinheit im Horizont der Religion erhoffen ließ, war es vorbei. Das Ergebnis war, dass es für die moderne Gesellschaft ein einheitliches, alle Dimensionen von Wirtschaft, Politik, Kultur und Religion miteinander vereinbarendes Gesamtmodell nicht mehr geben konnte. Das ist ein Resultat, das auch noch heute die Lage des Christentums in Kirche, Theologie und Kultur bestimmt. Insofern ist das Selbst- und Weltverständnis, das sich nach dem Ersten Weltkrieg aufdrängte, auch heute noch von Bedeutung.

Darum kann man vor diesem Hintergrund auch aus gegenwärtiger Sicht den Versuch nachvollziehen, die Theologie angesichts der historischen Umstände neu auf ihre Aufgabe einzustellen, das Christentum zu verstehen und zu verantworten. Aus der Erfahrung einer von der Katastrophe der bürgerlichen Gesellschaft geprägten Zeit erwuchs das Bestreben, eine Formierung der Theologie so vorzunehmen, dass sie den Widersprüchen standzuhalten vermag, die sich schon im 19. Jahrhundert artikuliert hatten. Daraus ergab sich auch eine neue Aufmerksamkeit für Ludwig Feuerbach und seine Religionskritik, aber auch ein Interesse an Sören Kierkegaard und seiner Konzentration auf den Einzelnen als Widerlager der Gesellschaft. Diese Autoren standen, neben anderen, für die Herausforderung, der die Theologie standzuhalten hatte, und für ein Versprechen, dieser auch zu genügen.

Als Karl Barth im Jahr 1911 Pfarrer in Safenwil wurde, hatte er, als aufmerksamer Zeitgenosse, zuvor die maßgeblichen theologischen Strömungen seiner Zeit kennengelernt. Es zeichnete seine Überlegungen aber aus, dass er die nach seinem Urteil nötige neue Einstellung der Theologie auf die Anforderungen der Zeit nicht in Gestalt einer akademischen Kritik der vorliegenden Konzeptionen artikulierte, sondern durch einen unmittelbaren Zugriff auf religiöses Geschehen und seine Gehalte. Dafür war die genau notierte Erfahrung des Pfarramts, gerade in einer keineswegs von lebendiger Frömmigkeit durchzogenen Kirchengemeinde, nicht ohne vermittelnde Bedeutung. Denn wenn das von Schleiermacher herkommende Integrationsprogramm nicht mehr aussichtsreich schien, dann war es nötig, die Ursprungssituation christlicher Frömmigkeit vor aller Vermittlung ins Zentrum zu rücken, nämlich die religiöse Kommunikation, wie sie in kirchlich gepflegter Religion stattfindet. Diese Konzentration verdient unter drei Aspekten eine besondere Beachtung. Erstens muss es bei der Suche nach dem Wesen der Religion darum gehen, die Selbst-Artikulation von Religion als Ausgang zu wählen, nicht eine von außen erfolgende Deutung religiöser Innerlichkeit vorzunehmen. Nur in geäußerter und praktizierter Religion findet sich, wenn überhaupt, diejenige Festigkeit und soziale Orientierungskraft, derer eine Religion bedarf, die der Moderne standhalten will. Damit ist man aber, zweitens, auf die soziale Pflege von Religion angewiesen, wie sie in institutionell verfassten Kirchen stattfindet. Allein von dort her kann sich ein Blick auf Religion überhaupt gewinnen lassen. Drittens lässt sich daraus verstehen, dass gegenüber einem scheinbar allgemeinen Religionsbegriff erhebliche Vorbehalte aufkommen. Denn ein solcher kann sich nur aus einer Deutung von Phänomenen ergeben, die an der jeweiligen Spezifik des religiösen Funktionierens interessiert ist, also gerade an den Vermittlungsversuchen, denen aus historischen Gründen ihr Scheitern eingeschrieben ist.

Der Inbegriff für diese Orientierung am Ursprung der Religion als kirchlicher Religion des Christentums ist der Ausdruck »Wort Gottes«. Damit ist ein Begriff gewählt, dessen hochrangige Bedeutung im Neuen Testament seit den ersten Versen des Johannesevangeliums (»Am Anfang war das Wort, und das Wort war bei Gott, und Gott war das Wort«, Joh 1,1) feststeht und in den Debatten der Reformationszeit unterstrichen wurde. »Wort Gottes« ist zugleich Name für Jesus Christus wie Bezeichnung der Bibel, und auch der kirchliche Sprachvollzug kann dazu gerechnet werden, sofern dieser auf einen unbedingten, letzten Sinn verweist. Von diesem Ausdruck wird nun aber angesichts der eben rekonstruierten Lage der Theologie ein ganz eigener, eher tastender Gebrauch gemacht. Daher führt es in die Irre, den Sinn der Verwendung des Begriffs aus der theologischen Tradition ableiten zu wollen. Im Gegenteil wird man annehmen müssen, dass es zunächst gar nicht auf eine Definition von »Wort Gottes« ankommt, ja, dass noch nicht einmal sofort klar ist, wie das gemeinte Phänomen begrifflich zu fassen ist. Der Ausdruck steht viel eher als Platzhalter für ein Geschehen, dessen Sinn erst Zug um Zug zu ermitteln ist. Dass dieses Verfahren der Sinnermittlung von Beobachtern mit dem schillernden Begriff »Dialektik« bezeichnet wird, liegt nahe, gerade weil man dafür nicht von einem feststehenden Konzept von »Dialektik« ausgehen kann. Barth selbst hatte zu dieser Kennzeichnung zwar beigetragen, sich aber einer begrifflichen Fest-

schreibung stets verweigert. Was »Wort Gottes« und »Dialektik« meinen, kann sich nur aus dem Gedankengang ergeben;
dazu unten mehr.

Von diesen Erwägungen her lässt sich gut verstehen,
warum für den Safenwiler Karl Barth die praktische Tätigkeit
in der Gemeinde, mit Predigten, Amtshandlungen und sozialer Arbeit, ein Ausgangspunkt seiner Theologie wurde. In der
pfarramtlichen Praxis variieren die Umstände, in denen ein
Pfarrer zu agieren hat. Es gibt aber, wenn es um authentische
christliche Religion zu tun ist, auch einen kontinuierlichen
Leitfaden, der immer mit im Spiel ist, nämlich die biblischen
Schriften und insbesondere das Neue Testament, das seinerseits der Ursprungssituation des Glaubens am nächsten steht.
Als Barth in diesem Sinne eine Orientierung suchte, drängte
sich ihm nun aber nicht irgendein Text des Neuen Testaments auf, sondern der Römerbrief des Paulus, der selbst (im
Medium des Briefes) ein Dokument religiöser Kommunikation ist. Er setzt das Ereignis der Verkündigung voraus, die
Paulus hat laut werden lassen, und zielt auf den Ursprung
und den Grundsinn des Glaubens. Wir haben es ja in der Gestalt des Paulus mit dem ältesten Schriftsteller des Neuen Testaments zu tun, und der Römerbrief enthält die am stärksten
systematisch geformte Version seiner Theologie.

Auch kann man nachvollziehen, dass es gerade diese von
der praktischen Verkündigung ausgehende Anlage der theologischen Reflexion Barths war, die seit 1919 für Aufmerksamkeit sorgte. Die Rolle der klassischen akademischen Theologie hatte für die Bewältigung aktueller religiöser Fragen an
Bedeutung verloren. Die häufig abständige historische For-
schung nahm wenig Bezug auf aktuelle religiöse Fragen;
darum fanden auch andere religiös-theologische Schriftsteller wie Johannes Müller (Schloss Elmau) und Hermann Kut-

ter (Basel) öffentliches Interesse. In diesem Zusammenhang erschien der Zugriff auf vermeintliche biblische Unmittelbarkeit gegenüber dem distanzierten Umgang mit religiös abständig erscheinenden Quellen des Urchristentums aussichtsreich für eine eigene Neubesinnung über das Christentum. Daher war es auch alles andere als erstaunlich, dass sich Barth in seiner Position als reformierter Honorarprofessor in Göttingen trotz fleißiger Unterrichtstätigkeit dortselbst keineswegs auf die Universität allein konzentrierte, sondern dem öffentlichen Interesse an seiner Theologie nachgab, wie die Anfrage des sächsischen Generalsuperintendenten Justus Jacobi im Sommer 1922 zeigt, welche eine ganze Reihe von Vorträgen eröffnete, die sich in diesem Jahr anschlossen.

## 2. Karl Barths theologische Selbstverortung

In gewisser Weise gibt Barth selbst am Anfang von *Not und Verheißung* die Position zu erkennen, aus der er seine Theologie entwirft. Von da aus gelangt er zur Darstellung seines theologischen Konzepts. Diese Verschränkung von Ort und Sache der Theologie ist für Barth bezeichnend. Schon die von außen betrachtende Selbstpositionierung verrät viel über den Charakter von Barths Theologie.

Nach einer »Einführung in das Verständnis meiner Theologie« (10) gefragt, sieht sich Barth dazu herausgefordert, zunächst sein Verhältnis zu anderen Theologien der Zeit zu klären (10–13). Das tut er in zwei Gedankenreihen.

Erstens beansprucht Barth, dass seine Theologie »in einem einzigen Punkt« besteht, der nur ein »Gesichtspunkt«, kein »Standpunkt« sei (10 f.). Damit widersetzt sich Barth der Erwartung, ein System vorzulegen. Das Bild vom »Gesichts-

punkt« wird dann variiert zur Metapher einer »Randbemerkung« (11) zu den schon vorhandenen theologischen Konzeptionen. Das ist der Verzicht darauf, eine neue Schule in der
Theologie gründen zu wollen, welche in Konkurrenz zu
schon bestehenden Richtungen tritt, die exemplarisch be-
nannt werden. Dafür entwirft Barth ein kleines Panorama
theologischer Schulen, wie sie den Ausgang des 19. Jahrhunderts, also die Generation seiner Lehrer, bestimmten. Mit der
»positiven« Richtung meint Barth Theologen wie Martin
Kähler und Reinhold Seeberg, zur »liberalen« Richtung zählen etwa Otto Pfleiderer und Richard Adelbert Lipsius. Albrecht Ritschls Anspruch war es, diesen Gegensatz zu un-
terlaufen; die religionsgeschichtliche Schule, für die Ernst
Troeltsch steht, gehört in die Theologie nach Ritschl. Verbunden sieht sich Barth mit Eduard Thurneysen und Friedrich Gogarten, beide, so wie zuvor er selbst, Intellektuelle im
Pfarramt, nicht Universitätsprofessoren.

»Korrektiv« heißt die dritte Variante des nichtsystemati-
schen Anspruchs, und mit ihr wird darauf abgehoben, dass
es sich bei Barths Theologie auch nicht darum handelt, eine
neue Form gemeinschaftlicher Frömmigkeit zu etablieren,
selbst wenn Frömmigkeit im Blick ist, wie der Hinweis auf die
durch Nikolaus von Zinzendorf im 18. Jahrhundert gegrün-
dete »Brüdergemeine« zeigt.

Nun weiß Barth aber – das ist der andere Gedanke –, dass
auch seine nichtsystematische Absicht nur in Gestalt einer argumentativ verfahrenden Theologie durchzuführen ist. Daher ist es nicht zu vermeiden, dass auch seine Theologie mit
anderen »in die Reihe gestellt« wird (12). Allerdings zeigt sich,
wenn man diese Einordnung vorzunehmen versucht, eine
eigentümliche Irritation in der Beurteilung: Sie sei »so etwas
wie mystischer oder biblizistischer Neu-Supranaturalismus,

um nicht zu sagen Neu-Marcionitismus« (12). Die hier von Barth selbst aufgespießten Bezeichnungen waren in den Debatten über den *Römerbrief* tatsächlich gefallen, sie zeigen aber mehr die Verlegenheit der Urteilenden als eine zutreffende Einsicht in den Sachverhalt.

Dass Barth ein »biblizistischer Supranaturalismus« vorgeworfen wurde, kann sich nur auf die Direktheit beziehen, mit der er von biblischen Aussagen Gebrauch machte – freilich ohne sie, wie im alten »Supranaturalismus«, mit einer weltanschaulichen Theorie zu unterfüttern, die jenseits der erfahrbaren Wirklichkeit eine Über-Wirklichkeit annehmen will. Weil dieser objektivistische Anschein fehlt, besitzt Barths Verfahren zugleich auch einen »mystischen« Anschein (wie er insbesondere Gogarten angekreidet wurde), mit dem jede Festlegung auf eine äußere Wirklichkeit abgewiesen wird – was nun aber ein direkter Widerspruch zum Biblizismus ist, so dass der kritische Ausgangsbegriff des (mystischen oder biblischen) Supranaturalismus sich selbst aufhebt. Und der Ketzer-Vorwurf des »Marcionitismus« kann sich nur dagegen richten, dass Barth in seinem *Römerbrief* so kompromisslos Paulus erstnehmen will, wie es Marcion, der große »Irrlehrer« des 2. Jahrhunderts, mit radikaler Einseitigkeit versuchte, dem Adolf von Harnack gerade erst (1921) eine große Monographie gewidmet hatte.

Einen »Gesichtspunkt«, so meint Barth, will seine Theologie bieten, »Randbemerkungen« beisteuern, ein »Korrektiv« bilden – und kann das noch nur in der Gestalt von Theologie tun. Deren spezifische Form ergibt sich nun aber offenbar nicht aus ihrer theoretischen Fassung, wie sie sich im geschriebenen Wortlaut niederschlägt. Es gehört auch die richtige Perspektive für ihre Wahrnehmung hinzu: diejenige nämlich, aus der diese Theologie auch entsprungen ist.

Die Zuhörer mit dieser Sichtweise vertraut zu machen, ist die Absicht der zweiten Gedankenreihe (13–16). Auch in ihr lassen sich zwei Aspekte unterscheiden.

Der eine ist, obwohl von Barth eher unterbetont, seine religiöse und theologische Herkunft. Für ein Interesse an gelebter Frömmigkeit steht die »reformierte Richtung«, die aus der Schweizer Heimat und dem Leben der Familie übernommen wurde. Und als theologischen Lehrer nennt Barth den Marburger Wilhelm Herrmann, der Religion, wie wir sahen, auf einen lebendigen inneren Übergang zum Vertrauen in die letzte Macht des Guten verstand und so Theologie ans Erleben, nicht an Lehrsätze knüpfte.

Von diesem Hintergrund herkommend, versteht Barth im Pfarramt das »Pfarrerproblem der Predigt« auf eine neue Art und Weise. Das ist nicht selbstverständlich, denn natürlich kann man auch die gelernte Theologie schlicht »anwenden«. Es muss also eine historische Erfahrung hinzukommen, die für die Neuheit der theologischen Frage sorgt. Das ist der zweite Akzent, und der bezieht sich auf die Gegenwart. Die neue Erfahrung Barths besteht in dem Bewusstsein von einem zwiefachen Widerspruch. Einmal nämlich werden die Menschen in der Gemeinde gesehen als Menschen in einem »unerhörten Widerspruch ihres Lebens«. Damit ist eine Verfassung des Lebens gemeint, deren Gegensätze sich nicht mehr in einer höheren gesellschaftlichen oder religiösen Einheit aufheben lassen; allein dies rechtfertigt die Rede vom Widerspruch im Singular. Sodann aber tritt auch die Bibel, also das Maß religiöser Verkündigung, zu diesem Sachverhalt in eine unaufhebbare Spannung, als ein »neues Rätsel«. Indem sich die Widersprüche im Leben nicht mehr aufheben lassen, rückt auch die Bibel als das Gegenüber, von dem her Menschen ihr Leben verstehen wollen, in ein anderes Licht. Sie dient nicht mehr der Konstruktion gelingenden Lebens; vielmehr wird es fraglich, worin denn nun ihr Sinn zu bestimmen ist. Dieses neue Verständnis Barths vom »Pfarrerproblem der Predigt« widerspricht mithin den in der Theologie des ausgehenden 19. und beginnenden 20. Jahrhunderts durchaus gebräuchlichen Versuchen, die christliche Religion als Lebenssinnspender zu verstehen.

Nun ist es freilich nicht zufällig das »Pfarrerproblem« der Predigt, das dieser neuen Fragestellung zugrunde liegt. Denn es bedarf einer Person, für die sich die Beobachtung des Widerspruchs der menschlichen Existenz und der davon zu unterscheidende Gegensatz der Bibel zur religiösen Integration in aller Schärfe auftut – und diese Person ist nach Barths Auffassung der Pfarrer, der er ja selbst auch war und ist. Doch darf es sich bei dieser Interpretation des Sachverhalts des doppelten Widerspruchs nicht um eine bloß private Sicht eines mehr oder weniger sensiblen Zeitgenossen handeln, die man dann auch als subjektivistische Überspannung abtun könnte. So sehr auf der einen Seite die hermeneutische Funktion des Pfarrers als Person unabdingbar ist, so wenig reicht sein subjektives Empfinden aus. Diesen Irrweg einer Gründung der Theologie auf eine rein private Stimmung kann man nur dann vermeiden, wenn die Interpretation der Sachlage aus der objektiven Situation hervorgeht, die durch das Miteinander und Widereinander von Menschen und Bibel gekennzeichnet ist – und wenn sich die Deutung durch den Pfarrer auch von anderen nachvollziehen lässt. Genau das ist der Weg, den Barth in seinem Vortrag nach den einleitenden Bemerkungen zu »seiner Theologie« einschlägt. Er geht die von ihm anvisierte Situation deutend durch und sucht so ein vom Phänomen ausgehendes Verständnis seiner Zuhörer.

Es ist nach dem Gesagten nicht überraschend, dass der

junge Professor Barth seinen Zuhörern versichert, er wolle
»als Pfarrer *neben* sie treten« (16). Es handelt sich hier nicht
um einen Fall von Anbiederung, sondern um die sachlich nötige Einstellung auf die Ursprungssituation von lebendiger
Religion in Gestalt des christlichen Glaubens. Gerade die betrachtende Perspektive des theologischen Fachmanns, als der
der Professor ja gilt, benötigt die Wahrnehmung der praktischen Situation, in der Religion ihren Ursprung hat. Der
damit erhobene Anspruch, aus den Traditionslinien der theologischen Richtungen herauszutreten und sich auf die ur-
sprüngliche Entstehung von gelebter Religion zu konzentrieren, sichert diesem Verfahren nun aber eine grundsätzliche Bedeutung, auch über eine mögliche zeitgeschichtliche
Abhängigkeit hinaus. Immer bewegt sich die Geschichte von
Kirche und Theologie ja in einem historischen Kontinuum, in
der Überlieferung von persönlicher Frömmigkeit, kirchlichen
Gebräuchen und theologischen Texten. Dabei ist aber stets
auch vorausgesetzt, dass es in aller Weitergabe von Lehre und
Glaube um den Glauben überhaupt, also das Gottesverhältnis, geht. Nun gibt es zuweilen Zeiten, in denen die Eigenart
des Gottesverhältnisses selbst – auch gegen die Tradition –
hervorgehoben, artikuliert und bedacht werden will. Wann
solche Zeiten vorliegen, das zu artikulieren bedarf eines historischen Deutungsaktes derer, die in der Geschichte stehen.
Ein solcher Deutungsakt wird freilich nur Resonanz finden,
wenn er nicht willkürlich vorgebracht wird, sondern die Zeitlage trifft. Man kann sich nach diesem Muster vorstellen, wie
im Christentum »Reformationen« vor sich gehen. Auch die
Reformation des 16. Jahrhunderts war von dieser Art, seinerzeit mit erheblichen kirchlichen Konsequenzen. Barths Inter-
vention in die theologische Geschichte kann sich, rein aus
ihrem Inhalt beurteilt, in diese Reihe stellen. Sie begleitet

einerseits die fortlaufende Theologiegeschichte, andererseits orientiert sie die traditionelle Theologie auf das von ihr selbst beanspruchte Zentrum hin. Die Situation der Moderne provoziert klarer als zuvor eine Ausdifferenzierung der Religion – und diese ausdifferenzierte Religion kann nur als bestimmte, positive Religion auftreten.

## 3. Der Gottesdienst als religiöse Schlüsselsituation

Den Gottesdienst als Ausgangspunkt für die Erschließung der religiösen Grundsituation zu nehmen, konnte man 1922 nicht für selbstverständlich halten; vielleicht gilt das auch für eine heutige Betrachtung. Denn auf der einen Seite schien sich Religion, gerade im modernen Kontext, eher über eine Analyse des neuzeitlichen Bewusstseins zu ergeben, als Grundlage und Ankerpunkt bewussten Lebens. Auf dieser Linie bewegten sich die Versuche in der Nachfolge Schleiermachers. Auf der anderen Seite wurde Gottesdienst verstanden als auftragsgemäße Inszenierung von religiöser Wirklichkeit, als Geschehen »von oben her«; so im (lutherischen und reformierten) Traditionalismus. Zu beiden Ansätzen geht Barth auf Distanz, indem er weder bei vorliegenden empirischen Befunden einsetzt noch bei vermeintlich gegebenen dogmatischen Vorlagen, sondern die Situation des Gottesdienstgeschehens selbst deutet.

Die genannte doppelte Abgrenzung drückt sich in dem Versuch Barths aus, von der »ganzen Situation« auszugehen (17). Im Stichwort »Situation« verbinden sich institutionelle und räumliche Vorgaben mit leibhaften Interaktionen von Menschen. Dieser Situationsbeschreibung gilt unsere nächste Aufmerksamkeit (17–19).

Da ist zunächst von der Institution die Rede, also von dem Erwartungszusammenhang, der sich durch Tradition aufbaut. Die Kirche zeichnet sich, ungeachtet vieler Kritik, dadurch aus, dass es sie immer noch gibt, dass sie also weiterhin in Anspruch genommen wird, auch dann, wenn sie zweckrational nichts zu leisten scheint. Dasselbe gilt auch für das Kirchengebäude, das gewissermaßen die steingewordene Institution repräsentiert – als Ort, an dem bereits früher etwas geschehen ist, was auch, trotz aller Einreden, wieder geschehen kann. Daher kommen dann auch immer noch Menschen in die Kirche, die dort irgend etwas suchen, ohne vorab genau und zielorientiert sagen zu können, um was es sich dort handeln soll. Schließlich wirkt auch der Pfarrer mit, der, durchaus in professioneller Berufsausführung, Dinge tut, die keineswegs selbstverständlich sind: beten, aus der Bibel lesen, predigen, zum Singen einladen. Es ist so, als umkreisten diese Strukturen und Orte und Personen das unsichtbare Zentrum eines Geschehens, dem Barth mit dem Zitat eines Liedanfangs des Mystikers Gerhard Tersteegen aus dem 18. Jahrhundert zu Wort verhilft: »Gott ist gegenwärtig«. Dieses Spannungsverhältnis zwischen dem institutionellen Rahmen der Situation und dem Geschehen, das sich in ihr ereignet oder ereignen soll, gilt es nun zu interpretieren. Es lässt sich dabei bereits jetzt erkennen, dass es sich hier um eine Bewegung handelt, in die man am gegebenen Ort eintreten muss, um zu verstehen, was sich da ereignet. Diese Bewegung kann nicht im Aufnehmen und Verarbeiten von theoretischen Lehrsätzen bestehen, sondern kommt durch die Interaktionen in Raum und Zeit zustande. Barths Analyse folgt nun den Eckpunkten, die durch die Situation bedingt sind, beginnend mit den anwesenden Menschen, übergehend zur aufgeschlagenen Bibel und endend beim Pfarrer, der mit beiden Gegebenheiten umzugehen hat.

*Die menschliche Frage*

Nehmen wir also mit Barth zunächst eine Betrachtung der Gemeinde vor, der Menschen, die sich in die Kirche zum Gottesdienst begeben haben (19–23). Was dort als erstes im Sinne der »objektiven«, von der Situation ausgehenden Analyse festzuhalten ist: Sie sind in die Kirche *gekommen*. Von dieser leiblichen Bewegung ist auszugehen: Sie sind jetzt da. Nun entspricht einer solchen Bewegung immer auch eine, womöglich unausgesprochen bleibende, Absicht und Erwartung. Hier geht es um etwas, was es an anderem Ort nicht gibt. Denn in der Tat lässt sich der Besuch des Gottesdienstes nicht bruchlos in ein zweckrationales Handlungsschema einfügen; auch sittliche oder ästhetische Ziele werden hier nicht unmittelbar verfolgt. Man will nicht ein besserer Mensch werden, und ein ästhetisches Vergnügen stellt sich meist nur überraschenderweise ein. Vielmehr, so interpretiert Barth diesen zweckfreien Überschuss, geht es um das, was in allem Weltverhalten der Menschen nicht aufgeht, was aber in allem steckt: »Ob's denn auch wahr ist?« So lautet die Frage in allen Fragen, die die Menschen sonst beschäftigen.

Diese Verdichtung, die Barth vornimmt, lohnt eine nähere Betrachtung. Offensichtlich versteht er das Menschenleben als ein Fragen, also ein sinnbestimmtes Suchverhalten. Stets gibt es Aufgaben zu lösen, und die Lösungen verstehen sich immer weniger von selbst. Daher kommt das Bewusstsein auf, nach dem Zusammenhang von all dem zu fragen, was das Leben beschäftigt. Gerade dann, wenn die Selbstverständlichkeiten der Lebensführung nicht mehr gegeben sind, schlägt die Frage nach dem Gesamtsinn aller Orientierung durch. Man kann auch sagen: In den einzelnen Fragen meldet sich die Dimension, die hinter ihnen liegt. Sie lässt sich nun nicht mehr durch den Aufbau eines neuen Gesamtzusammenhangs beantworten, sondern bedarf einer individuellen, auf das eigene Leben zielenden Antwort. Und die implizite Vermutung lautet: Die Antwort könnte da erfolgen, wo »Gott gegenwärtig« ist.

Es lässt sich nicht übersehen, dass diese Interpretation Barths einen rasanten Deutungsversuch alltäglicher Lebensprobleme darstellt. Denn sie erfolgt nicht etwa auf der Basis einer empirischen Befragung über Interessen und Erwartungen von Gottesdienstbesuchern. Sie ist vielmehr eine Verdichtung des humanen Frageverhaltens, das in allem menschlichen Problemlösen steckt, zu der grundsätzlichen Sinn- und Wahrheitsfrage, die es mit der Wahrheitsfähigkeit des menschlichen Individuums selbst zu tun hat. Dieser durchaus riskanten Zuspitzung ist sich Barth selbst bewusst. Denn er weiß natürlich, dass auch die Kirchenbesucher sich zu einer solchen ausdrücklichen Formulierung der ihnen lebensweltlich vertrauten Suchbewegungen nur selten, wenn überhaupt, verstehen. Darum greift er zu einem Spitzensatz aus Schleiermachers Hermeneutik, nach dem der Interpret gar nicht anders kann, als die Menschen besser zu verstehen, als sie das selbst vermögen. Der Satz ist einerseits logisch konsequent, andererseits gewagt. Konsequent ist er, weil in der Tat jedes Verstehen eines anderen Menschen Kontexte in Anspruch nimmt, die dem betrachteten Subjekt selbst nicht als solche zugänglich sind; insofern versteht der Interpret immer mehr vom Interpretierten als dieser von sich selbst. Das heißt auf der anderen Seite nicht, dass der Deutende eine tiefere Einsicht in den Gedeuteten besitzt. Es gibt ja viele Dinge, die dem Verstehen von außen entzogen sind, die aber für das Selbstverständnis einer Person entscheidend sein können. Daher muss der riskante, aber unvermeidliche Versuch, einen anderen besser zu verstehen als er sich selbst, wieder ins

Gespräch mit dem Gegenüber zurückgebracht werden, nämlich in die Frage, ob der Deutungsvorschlag denn von ihm
selbst übernommen zu werden vermag. Genau das ist auch
Barths Verfahren. Wenn denn die theologische Steigerung
der relativen zur absoluten Fraglichkeit zutreffen soll, wenn
also tatsächlich in allen einzelnen Bewandtnissen des Lebens
auf verschiedene Weise immer das Ganze gesucht wird, dann
muss man eine Lebensdeutung vornehmen und anbieten, die
sich genau darauf einstellt. Erst dann wird sich zeigen, ob die
Zuspitzung der vielen Lebensfragen auf die eine Lebensfrage
die Menschen erreicht oder nicht.

Damit ist implizit eine scharfe Zeitdiagnose verbunden.
Man kann sie so formulieren: In der europäischen Neuzeit,
wie sie ihre erschreckende Kulmination im Weltkrieg gefunden hat, kommt an den Tag, dass sich der Mensch gar keine
Antwort auf seine Lebensfrage mehr geben kann. Alles, was
als mögliche Antwort in Betracht kommt, ist selbst schon
vom Makel dieser in den Tod hinein laufenden Geschichte gezeichnet.

Das ist der Hintergrund dafür, dass Barth diese Figur des
gottesdienstlichen Deutungsangebots so sehr steigert, dass
er es geradezu als Aufgabe der kirchlichen Verkündigung
ansieht, diese Überbietung des empirischen Frageverhaltens
vorzunehmen – weil die Menschen, wie er meint, »darauf
warten, in der Kirche ganz einfach *ernster* genommen, besser
*verstanden* zu werden in ihrer großen unstillbaren Lebensunruhe« (23). Damit unterscheidet sich die Verkündigung
vom Typus einer mittelbar oder unmittelbar einem Lebens-
zweck dienenden Veranstaltung, wie er nach Barths kriti-
schem Urteil der »methodistischen, kommunistischen oder
anthroposophischen Versammlung« eigen ist (23). Von der
Überzweckhaftigkeit der christlichen Verkündigung also ist

auszugehen, von der Einheit hinter aller Vielfalt, die sich gerade als solche auf das menschliche Subjekt bezieht.

Barth stärkt seinen Deutungsvorschlag – gewissermaßen aus negativer Sicht – durch eine hypothetische Überlegung. Denn er äußert die Vermutung, das auch zu seiner Zeit schon schwindende Interesse an kirchlicher Beteiligung könne darauf zurückgehen, dass eben der Deutungshorizont des Lebens »von Gott her« unterlassen, es also gerade versäumt werde, die Verkündigung mit ihrem überschießenden Gehalt von einer schlichten Bewältigung einzelner Lebensprobleme zu unterscheiden. Das ist eine nicht unplausible Erwägung, die auch für uns Heutige eine kritische Sicht auf die gegenwärtige Verkündigung erlaubt.

Nicht unerwähnt lassen darf man in diesem Zusammenhang Barths Polemik gegen den Katholizismus (21 f.), die sich in Texten dieser Jahre immer wieder findet. Die Pointe des Gegensatzes besteht darin, dass Barth dem Katholizismus vorwirft, sich der Frage des individuellen Gewissens nicht zu stellen, sondern die grundsätzliche humane Fraglichkeit im Sinne eines graduellen Verbesserungsprogramms zu nivellieren und damit zu verharmlosen. Der Inbegriff dieses religiösen Typus besteht in der Konzentration auf die Eucharistie und insbesondere auf die Wandlung der Elemente im Abendmahl, wodurch der Priester Leib und Blut Christi »schafft«; deshalb heißt er, Evangelischen unverständlich, »creator creatoris« (23). Barths Vorwurf geht nicht völlig ins Leere, besteht das katholische Christentum ja durchaus auf dem Aufbau einer möglichst kohärenten religiös-sittlichen Lebensform. Was das evangelische Christentum an dessen Stelle zu bieten hat, ist dagegen so etwas wie ein »end-geschichtliches« Urteil über den Menschen, in dem ein »*letztes* Begehren des Menschen nach einem letzten Geschehen« befriedigt wird (23).

Damit haben wie die entscheidende Wendung in Barths Analyse der Predigtsituation mitvollzogen, nämlich die Steigerung alltäglicher Fraglichkeiten zur grundsätzlich aporetisch-ausweglosen Fraglichkeit der humanen Existenz. Gewiss spielen dafür zeitgeschichtliche Umstände eine Rolle, weil nicht zu allen Zeiten die Durchlässigkeit auf diese elementare Fraglichkeit hin gegeben ist. Es verhält sich aber auf der anderen Seite auch so, dass das menschliche Dasein zu allen Zeiten eines Grundes entbehrt, der über die vorläufigen Absicherungen geschichtlich-gesellschaftlicher Art hinausreicht. Was Barth vorführt, ist eine existenzbezogene Verdichtung humaner Selbstdeutung. Doch mit dieser auf die menschliche Lebenssituation bezogenen Deutung ist die Pointe seiner theologischen Argumentation noch keineswegs erreicht. Das zeigt sich im nächsten Schritt der Situationsanalyse, der sich der aufgeschlagenen Bibel im Gottesdienst widmet (23–33).

## Die biblische Frage

Die aufgeschlagene Bibel – damit ist das Bibelwort im kommunikativen Gebrauch gemeint. Die Tatsache, dass das Buch geöffnet wird, ist der leibhafte Ansatzpunkt für die Verkündigung, die von der Bibel herkommt. Das »Wort Gottes« ist damit nicht nur der Buchstabe, sondern ein Faktor im Geschehen des Gottesdienstes. Ganz allgemein geurteilt, signalisiert die geöffnete Bibel, dass die Situation humaner Fraglichkeit nun in einen dezidiert religiösen Kontext versetzt wird. Doch was bedeutet das?

Barth gibt sich an dieser Stelle alle Mühe, diesen Kontextwechsel genau zu fassen. Das ist auch nötig, weil hier die Eigenart des Christlichen auf dem Spiel steht. Darum stellt er seiner positiven Entfaltung eine scharfe Abgrenzung voran, die sich abermals gegen den Katholizismus wendet (23–27). Sachlich geht es ihm darum, die neue, christlich-religiöse Perspektive nicht einfach zu einer stillstellenden Antwort auf die humanen Lebensfragen werden zu lassen. Denn damit würde weder der Schärfe der menschlichen Frage noch der Klarheit der göttlichen Antwort Genüge getan. Das Bild, das Barth kritisch vor Augen malt, ist die katholische Realisierung der Gegenwart Gottes in der Liturgie und insbesondere im Altarsakrament. Das ist nicht abwegig. Denn in der Tat findet der katholische Gottesdienst in beiden seinen intensivsten Ausdruck. Die Liturgie ist gesetzt und gegeben, sie ist, unter allen Umständen, fortzuführen. Und das gilt genau aufgrund der Vergegenwärtigung Christi im Abendmahl, wie sie der Priester im Sakrament vollzieht. Barth bestreitet gar nicht, dass das funktioniert – aber es funktioniert nur so, dass damit die menschliche Fraglichkeit schlicht übertönt oder gar erschlagen wird. Das aber, so scheint ihm, nimmt die Menschen nicht ernst – und ist darum auch nicht die richtige Darstellung der göttlichen Gegenwart. Liturgie und Messopfer enthalten zu viel an menschlicher Mitwirkung, stellen sich dadurch zu sehr auf die humanen Erwartungen einer das Leben sozusagen ergänzenden Transzendenz ein, als dass sie wirklich die treffende Antwort von Gott her geben könnten.

Nimmt man diese kritische Haltung ein, dann verfallen alle protestantischen Versuche, Momente der katholischen Liturgie sei es zu imitieren, sei es zu ersetzen, ebenfalls der scharfen Kritik. Dass die scheinbar dominante Sprachlichkeit des Wortes Gottes durch einen »schweigenden Dienst« im Rang eines Sakraments kompensiert, ja überboten werden solle, war ein Vorschlag Rudolf Ottos im Jahr 1920 gewesen. Otto hatte damit eine Ablösung des Sakraments von äußerlicher Materie im Sinn gehabt. Barth bemängelt hier, dass die

Sprachlichkeit des humanen Fragens durch eine Inszenierung des Numinosen verkannt und verbannt werden solle. Gegen die Worthaftigkeit des evangelischen Gottesdienstes, noch heute eine beliebte Einrede gegen die sprachliche Gestalt der Verkündigung, hatte Johannes Müller seit 1916 auf Schloss Elmau religiös konnotierte Tänze propagiert. Und der Religionswissenschaftler Friedrich Heiler hatte, auf der Grenze der Konfessionen, mit seinem Buch über das Gebet eine übergreifende religiöse Einheit gesucht. Gegen diese modernen Versuche, das Feld des Religiösen so zu präparieren, dass sich menschliche Fraglichkeit stillstellt, richtet sich Barths Kritik, und er nimmt dafür die Position der »Reformation« in Anspruch. Das ist, vor allem im einem systematischen Sinn, nicht unberechtigt. Wir haben ja schon gesehen, dass Barth damit auf das Anliegen zielt, das Grundgeschehen des christlichen Glaubens in den Mittelpunkt zu stellen, und das beschäftigt sich eben mit dem genauen und präzisen Gegenüber von Gott und Mensch, das zu einem Mit- und Füreinander wird. Dieser zutreffende sachliche Schwerpunkt rechtfertigt Barths Berufung auf »die Reformation«, die nicht als historisch autoritative Tradition verstanden werden darf. Leider gehen bei Barth beide Gesichtspunkte, der sachliche und der historische, bisweilen unvermittelt ineinander über.

Nach dieser längeren Abgrenzung geht es dann (15–17) um die Entfaltung des richtigen Verständnisses der menschlichen Fraglichkeit im Licht des göttlichen Wortes, das die aufgeschlagene Bibel anzeigt. Dabei gilt grundsätzlich, dass die Bibel selbst und von sich aus die menschliche Lebensfrage auf- und ernstnimmt. »*Bringt* die Gemeinde primär in die Kirche die große *Frage* des Menschenlebens und *sucht* darauf *Antwort*, so *bringt* die Bibel umgekehrt primär eine *Antwort*, und was sie dazu *sucht*, das ist die *Frage* nach dieser Antwort, fragende *Menschen*, die diese Antwort als solche, eben als Antwort auf die entsprechende Frage verstehen, suchen und finden wollen.« (28) Was in der Bibel laut wird, ist, so könnte man sagen, authentische Religion. Sie beschäftigt sich nicht mit Vorläufigkeiten, sondern geht aufs Ganze der menschlichen Existenz. Das klassische Exempel dafür ist der Psalter. Die Psalmen nehmen ja menschliche Lebenssituationen auf, vor allem Bedrängnis und Verfolgung; sie wenden diese Situationen der Bedrohung aber in die Frage nach Gott. Wenn Barth hier von »der Bibel« spricht, dann schaut er auf die Menschen, die in der Bibel zu Wort kommen – und durch deren Wort die Lage der Menschen noch heute auf Gott ausgerichtet wird. Weil das so ist, reichen die vorher kritisierten vorläufigen Antworten auf menschliche Lebensfragen nicht aus. Die Bibel bietet nicht Lebenshilfen, sondern lehrt nach dem Grund des Lebens zu fragen. Insofern »stellt sich die Bibel zunächst ganz einfach neben den zum Bewusstsein seiner Lage erwachten Menschen« (29), richtet ihn damit aber auch auf die Frage nach Gott aus. Das ist der erste Schritt auf dem Weg, das Menschenleben vor Gott zu stellen.

Doch diese Haltung und Ausrichtung erfährt nun noch eine doppelte Präzisierung, und damit erst gewinnt die aufgeschlagene Bibel ihre genaue Funktion. Erstens wird die humane Frage nach Gott verschärft. Diese Zuspitzung besteht in der schmerzlichen Einsicht, dass sich die Frage nach Gott auf dem Boden einer abgründigen Negativität stellt. Nach Gott zu fragen, geht nicht nur auf ein Interesse an dem zurück, was über die menschliche Existenz hinausführt, was des Menschen Leben neu und von oben her beleuchtet. Diese Frage ist vielmehr Ausdruck des Bewusstseins, dass das menschliche Dasein gar nichts ist ohne Gott. Das Leid Hiobs, das Sündenverständnis des Paulus, die Feindschaft der Welt gegen die Wahrheit Gottes bei Johannes: sie zeichnen vorweg das ab, was in der Gottverlassenheit Jesu am Kreuz sich vollendet, nämlich an sich selbst gar nichts mehr zu sein, sondern alles nur von Gott erwarten zu können. »Das Kreuz ist die Forderung Gottes, dass wir nach ihm, nach Gott fragen und lebenslänglich, auch wenn alle andern Fragen lösbar wären, dieser Frage uns nicht mehr entwinden und entziehen sollen.« (30) Die humane Lebensfrage ist die Frage nach Gott, die die Einsicht in die reine Negativität des eigenen Lebens in sich schließt. Die Ausweglosigkeit, sich selbst eine Antwort auf die Lebensfrage geben zu können, blitzte ja schon in der anthropologischen Analyse auf; hier wird sie zu einer definitiven Erkenntnis.

Was Barth damit implizit aufnimmt, aber auch abwandelt, ist der lutherische Gedanke des Gesetzes als einer Lebensordnung für den Menschen, die ihm von Gott gegeben ist. Das Gesetz hält, so besagt es die reformatorische Auslegung, den Sachverhalt fest, dass der Mensch in seiner Lebensführung von Gott angesprochen ist. Allerdings ist die strukturelle Stellung des Menschen vor Gott mit der aktuellen Einsicht verbunden, dass alle Menschen immer schon an dieser Anforderung scheitern, weil sie ihre Herkunft von Gott und ihre Ausrichtung auf Gott nicht wahrhaben wollen. In der reformatorischen Theologie verläuft der Gewinn dieser Einsicht über die Betrachtung des tätigen Lebens, durch dessen moralisches Scheitern das Bekenntnis grundsätzlicher Verderbtheit des Menschenwesens vorbereitet wird. Dieser Durchgang durch die ethische Selbstwahrnehmung wird bei Barth sozusagen abgekürzt. Hier ist es zuerst die zur grundsätzlichen Fraglichkeit des Lebens geronnene Lebensproblematik im Menschen, die zur Frage nach Gott wird – und diese noch unbestimmte Frage nach Gott gewinnt sodann durch die Bibel den Charakter einer unwidersprechlichen Einsicht in die Negativität eigenen Lebens. Die Bibel nimmt gewissermaßen eine hermeneutische Präzisierung der anthropologischen Selbstauffassung des Menschen vor. Darum ist es auch das Kreuz, welches zur negativen Selbsteinsicht führt, nicht das Gesetz wie etwa bei Luther.

Nach Gott fragen – im Bewusstsein der reinen Negativität des eigenen Selbstseins: das ist die erste Präzisierung der Lebensfrage durch die Bibel. Dieser Gedanke trägt nun aber eine gewichtige Voraussetzung in sich und entlässt eine weitreichende Konsequenz aus sich. Die in diesem Gedanken enthaltene Voraussetzung besagt: Menschen sind aus eigenem Vermögen nicht in der Lage, genau und spezifisch nach Gott zu fragen. Auch die zusammenfassende Aporetik humaner Existenz insgesamt stellt nicht die Bedingung eines hinreichenden Fragens nach Gott bereit. Das ist eine starke Annahme, weil sie die Vorstellung einer quasi natürlichen, sozusagen schöpfungsgemäß gegebenen Verbundenheit zwischen Mensch und Gott negiert. So weit hat sich der Mensch von Gott entfernt, dass auch in der grundsätzlichen Frage nach sich selbst nicht mehr die genaue Frage nach Gott auftaucht. Das ist, zweifellos, ein Reflex des modernen Bewusstseins in die Theologie hinein; eines Bewusstseins, das von der Religionskritik des 18. und 19. Jahrhunderts betroffen ist. Denn die hatte ja durchgängig unterstellt, dass die Frage nach Gott nichts anderes sei als eine um- und fehlgeleitete Frage des Menschen nach sich selbst. Die Theologie konnte auf diese Frage bis dahin nur im Modus der Versicherung antworten, das sei nicht so. Die Durchführung einer autonomen Religion, die der Religionskritik standhält, muss daher das Gottesverhältnis tiefer ansetzen lassen als auf der Basis einer immer schon bestehenden Verbundenheit. Nur wenn auch die eige-ne humane Negativität nicht schon als hinreichende Voraussetzung für die Bildung von Religion verstanden wird, kann der Religionskritik begegnet werden.

Darum führt die gewichtige Voraussetzung im Gedanken der reinen Negativität des menschlichen Selbstverhältnisses auch zu einer weitreichenden Konsequenz – und diese erklärt ihrerseits erst vollends die Voraussetzung. Sie besteht darin, dass es niemand anderes als Gott selbst sein kann, der diese Negativität aufhebt. Damit wird ausgeschlossen, dass es eine religiöse Antwort auf die menschliche Lebensfrage gibt, die als Äquivalent für Gottes eigene Antwort in Betracht kommen kann. Was von Gott zu sagen ist – dass er die Frage beantwortet, die das menschliche Leben als solches stellt –, das kann niemals in eine andere Antwort umgeformt werden. Das bedeutet etwa, dass es nicht möglich ist, die göttliche Antwort in die Sinnfrage zu transponieren. Gott ist etwas anderes als der erfüllte Lebenssinn. Man kommt nicht durch den Sinn zu Gott, wohl aber lassen sich durch das Gottesverhältnis auch Sinnfragen des Lebens anders behandeln. Der Unterschied besteht darin, dass das Gottesverhältnis eine aktive Stellungnahme des Menschen provoziert (Barth wird das »Gott die Ehre geben« nennen, s. u. S. 142–145); eine solche Stellungnahme gehört aber nicht grundbegrifflich zur Sinnfrage.

Man muss diesen Gedanken noch einen Schritt weitertreiben. Wenn es ausgeschlossen ist, von der Frage nach dem Lebenssinn zur genauen Frage nach Gott zu gelangen, die das Bewusstsein der eigenen Negativität in sich trägt, dann ist bereits der Übergang, der in diesem Sinne durch die Bibel vorgenommen wird, ein Ausdruck der Gottesgegenwart. Nach Gott fragen kann man dann nur, wenn sich Gott schon eingestellt hat. So, »wie die *Bibel* die menschliche Lebensfrage fasst, übersetzt in die Frage nach *Gott,* unter die wir gestellt sind, kann man von ›Frage‹ gar nicht reden und hören, ohne schon von *Antwort* zu hören. [...] Die Frage ist die Antwort.« (31) Und wenn Barth nach der »Wahrheit und Wirklichkeit« dieses Satzes fragt, nach der »Begründetheit dieser Umkehrung, die der Sinn der ganzen Bibel ist«, dann lautet seine Antwort: »Ich weiß keine andere als die Realität des lebendigen Gottes, dessen, der ist, der er ist, des sich selbst Begründenden.« (31)

Gerade dann aber, wenn das gilt, ergibt sich die Folgerung, dass die Wirklichkeit Gottes bei den Menschen in nichts anderem bestehen kann als im konsequenten Fragen nach ihm. Es gibt keinerlei Übergang in ein wie auch immer zu denkendes »Haben« des Göttlichen. Der Glaube ist in keinem Sinne ein Zustand, dessen man sich vergewissern könnte. Er lebt ganz und gar im Ausgerichtetsein auf Gott, erwartet alles allein von ihm.

> »*Dieses* Nein ist eben Ja. *Dieses* Gericht ist Gnade. *Diese* Verurteilung ist Vergebung. *Dieser* Tod ist Leben. *Diese* Hölle ist Himmel. *Diese* furchtbare Gott ist der liebende Vater, der den verlorenen Sohn in seine Arme zieht. Der Gekreuzigte ist der Auferstandene. Und das Wort vom Kreuz als solches ist das Wort vom ewigen Leben. Kein Zweites, Anderes braucht zur Frage hinzuzutreten.« (31)

Das ist ein überaus weitreichendes Argument. Es zu ermessen, sind zwei Überlegungen nötig. Barth nimmt an dieser Stelle einen bedeutenden philosophischen Gottesbegriff in seine Argumentation auf, den Begriff Gottes als des sich selbst Begründenden (*causa sui*). Der Begriff, den man auf Spinoza, den großen Philosophen des 17. Jahrhunderts, zurückführen kann, ist ein klassischer Ausdruck des sog. »ontologischen« Gottesgedankens, nach dem Gottes Sein ganz aus sich und für sich zu denken ist, nicht erst als Grund der Welt. Gott als *causa sui* braucht nichts außer sich, um Gott zu sein. Damit wird, bei Barth von theologischer Seite aus, eine vorfindliche Verbundenheit von Gott und Welt negiert. Gott kommt ganz aus sich, ohne alle Notwendigkeit, die sein Sein begleitet. Aber, und das markiert den zweiten Akzent, Gott ist darum nicht mit der Welt deckungsgleich (wie Spinoza annahm), sondern hat als sein – auf ihn ausgerichtetes – Gegenüber den Menschen. Das Gottsein Gottes spiegelt sich im Fragen des Menschen nach Gott. Darum ist dann auch auf seiten des Menschen gar nichts anderes nötig als diese präzis auf Gott ausgerichtete Lebenshaltung. Das heisst aber: Es ist des Menschen Autonomie, seine Freiheit gegenüber allem in der Welt, die dem Gottsein Gottes entspricht. Das ist nun die positive Basis für die Überwindung der modernen Religionskritik: Gott macht den Menschen nicht von sich abhängig; er ist vielmehr der Grund seiner innerweltlichen Freiheit. Und diese Freiheit nimmt der Mensch darin wahr, dass er sich nicht aus sich selbst, also in Abhängigkeit von seinem eigenen Leben und dessen Gegebenheiten, versteht, sondern ganz und gar und dauernd von Gott her. Es ist diese Externität seines Lebensgrundes, welche ihm seine Freiheit eröffnet und erhält.

Darum bedarf es nun aber auch nichts anderen als dieser Einsicht in die humane Negativität als Entsprechung zu Gottes Selbstsein. »*Dieser* Tod ist Leben. [...] Der Gekreuzigte ist der Auferstandene.« (31) Das ist die Erwartung, die von der aufgeschlagenen Bibel ausgeht: dass diese Umkehrung des humanen Selbstverständnisses stattfindet – von der Beschäftigung mit Lebensfragen und ihrer Verdichtung in die aporetische Fraglichkeit des ganzen Lebens hin zur Einsicht in die reine Negativität des eigenen Daseins als Ausdruck der göttlichen Gegenwart. Wenn sich diese Einsicht aufbaut, dann ist freilich die Aporie des Lebens grundsätzlich aufgehoben, und zwar auf eine Weise, die sich nicht mehr überbieten lässt, weil die Triftigkeit dieser Einsicht nicht mehr in Frage gestellt werden kann. Von hier aus lassen sich dann auch die vielen und ja durchaus bedrängenden Lebensfragen theoretisch und praktisch in Angriff nehmen.

Allerdings spitzt sich in der Folge dieses Gedankens die Bedeutung der Gottesdienstsituation abermals zu. Denn hier ist, jedenfalls exemplarisch, der Moment zu erwarten, an dem sich die radikale Umstellung der christlichen Selbstdeutung vollzieht. Wie soll man sich den Handlungszusammenhang vorstellen, in dem und durch den das geschieht? Dieser Frage widmet sich Barths nächster Überlegungsgang (32–35).

*Das Gottesdienstgeschehen und die Rolle des Pfarrers*
Es handelt sich um ein das eigene Selbstverständnis gründlich umwendendes Geschehen, wenn aus den im Leben mitlaufenden Fragen die eine Frage des Menschseins überhaupt (»ob's denn wahr ist?«) erwächst, die dann von der Deutungsvollmacht der Bibel her in die Frage nach Gott verwandelt wird – und es verstanden wird, dass sich bereits in dieser genauen Frage nach Gott die Gegenwart Gottes ereignet. Gott ist nicht eine Gegebenheit außerhalb des Menschen, auf die man sich beziehen könnte, sondern der absolute und reine Grund humanen Selbstseins, das ohne diese Herkunft von Gott ganz und gar haltlos wäre. Es überrascht daher nicht, wenn Barth dieses grundstürzende *Geschehen* so einschätzt: »Es gibt nichts Wichtigeres, Dringenderes, Notwendigeres, Hilfreicheres, Erlösenderes und Heilvolleres, es gibt vom Himmel wie von der Erde aus gesehen nichts der wirklichen Lage Entsprechenderes als das Reden und Hören des Wortes

Gottes in seiner richtenden und aufrichtenden Wahrheitsmacht« (34). Allerdings kommt nun auch alles darauf an, dass
es sich wirklich um ein Geschehen handelt. Das Aufzeigen
von Strukturen reicht nicht aus. Darum ist die Beschreibung
der an sich selbst schon spannenden Situation, die fragende
Menschen und fragend-antwortende Bibel zusammenbringt
und einander gegenüberstellt, nicht ausreichend; es muss
dieses Gegenüber in einen Handlungszusammenhang überführt werden. Das geschieht nun, indem der Pfarrer tätig
wird.

Seine Rolle zu bestimmen, dafür ist zunächst abermals
eine Situationsanalyse erforderlich. Sie lässt eine doppelte
Herausforderung erkennen. Einerseits nämlich ist der Pfarrer diejenige Person, von der die Gottesdienstteilnehmer eine
Antwort erwarten. Er ist im Geschehen des Gottesdienstes
mit dem Amt der Verkündigung betraut, und dieser Erwartung muss er auch nachkommen. Auf der anderen Seite ist er
als Mensch doch auch mit der Fraglichkeit seiner eigenen
Existenz beschäftigt; er hat es, wie alle, nötig, dass seine offene Lebensfrage in die beantwortete Gottesfrage transformiert
wird. Das macht nun die extreme Spannung aus, die auf dem
Pfarrer lastet. Er muss einer Erwartung gerecht werden, die er
nicht aus eigenem Vermögen erfüllen kann. Diese Spannung
kann gar nicht im eigenen Inneren ausgehalten werden. Sie
lässt sich nur ertragen, wenn die Person des Pfarrers selbst in
das Geschehen integriert wird, um das es zwischen Mensch
und Bibel im Ereignis des Wortes Gottes geht. Dass freilich
überhaupt der Pfarrer diese Stellung einnimmt, ist schon Ausdruck der Verheißung, die der gesamten Situation gilt.

Machen wir uns kurz die spezifische Stellung des Pfarrers
nach Barths Auffassung klar. Der Pfarrer ist nicht Übermitt-
ler der kirchlichen Lehre, wie sie etwa in der Tradition der Bi-

bel und der Kirchengeschichte in Bekenntnisse eingegangen ist, denen man den Anspruch unterstellt, das menschliche Leben zu bestimmen. Er ist nicht Sprachrohr göttlicher Wahrheit im Auftrag der kirchlichen Institution, wie es das konfessionelle evangelische Christentum versteht. Er ist aber auch nicht religiöse Beispielgestalt, die ihr eigenes Erleben in Worte fasst, um damit andere zu eigener religiöser Selbsttätigkeit anzuregen. Das wäre die Sicht des Pfarrers als besonders geistlich begabtes Individuum; Schleiermacher war nicht frei von dieser Vorstellung. Durchaus ist der Pfarrer bei Barth eine exemplarische Gestalt, aber exemplarisch allein in der Aufnahme der menschlichen Frage, die auch ihn, wie alle Menschen, angeht. Seine Tätigkeit freilich, sein Antwortgeben, vermittelt weder Lehre noch stellt es seine eigene religiöse Subjektivität aus. Was er tut und sagt, bewegt sich vielmehr im Horizont der gegebenen Verheißung, für deren Erfüllung Gott selbst sorgt. Insofern ist der Pfarrer in das Geschehen des Wortes Gottes eingeschlossen, ohne selbst eine den religiösen Gehalt vermittelnde Funktion wahrzunehmen.

Es ist diese spannungsvolle Situation des für das Geschehen des Wortes Gottes unerlässlichen Akteurs, des Pfarrers, welches Barth dann in den letzten Überlegungen seines Vortrags beschäftigt (35 f.36–40).

Die erste Einsicht, die auf die seinerzeit zuhörenden Pfarrer aufregend gewirkt hat und die auch heute nicht ihre Wucht verfehlt, lautet: »Pfarrer kann man eigentlich nicht sein.« (37) Denn ist man einmal in diese Bewegung versetzt, das eigene Fragen transformieren zu lassen in die beantwortete Frage nach Gott, lässt sich kein fester Standpunkt finden, von dem her dann anderen Bescheid zu geben wäre. Diese Erkenntnis bringt aber in die Not, die jedem Pfarrer bekannt ist: Mit den eigenen Worten nicht das sagen zu können, was als Gottes Wort zu hören verlangt wird. Barth rät nun, dieser Situation konsequent standzuhalten, das heißt: sie als Gericht über das eigene Vermögen anzuerkennen. »Wenn Gott uns, das Wunder ist ja *möglich* bei *ihm*, erwählt hat und rechtfertigen will *als* Pfarrer und *in* der kirchlichen Situation, dann jedenfalls allein *da*, im *Gericht* über uns selbst, im *Gericht* über die Kirche, im *Gericht* über unser Pfarrertum. Denn erst *hier* können wir ja die Verheißung ergreifen, erst *hier* glauben.« (38) Ja, die Anerkenntnis dieses Gerichts ist die unbedingt nötige Voraussetzung dafür, überhaupt glaubwürdig zu reden. »*Überzeugendes* Reden von Gott, das gibt es ja nur da, wo die christliche Verkündigung selbst mitten drin steht in der *Not*, unter dem *Kreuz*, in dem *Fragen*, nach dem Gott allererst fragt, um antworten zu können. Aus dieser Not dürfen wir nicht *heraus* wollen.« (39 f.) Damit ergibt sich gewissermaßen die Praxisform des Pfarramts: Pfarrer nehmen ihre Aufgabe richtig wahr, wenn sie im Vertrauen auf die von Gott zugesagte Erfüllung der Verheißung mit sich selbst und der Kirche kritisch ins Gericht gehen. Gerade diese scheinbare Herabstufung kirchlicher Vollmacht ist, so meint Barth, nötig, um in der Gegenwart die Gegenwärtigkeit Gottes anzusagen. Dass damit (auch) auf die neue Lage der evangelischen Kirchen in Deutschland im Jahr 1922 eingegangen, also auf das Ende des Staatskirchentums Bezug genommen wird, wie es nach 1918 der Fall war, war allen damaligen Hörern bewusst. Sie werden daher die scheinbare Herabstufung kirchlicher Zuständigkeit durch Barth auch als Verheißung für ein künftig freies, allein dem Wort Gottes zugewandtes Handeln gehört haben.

Die Authentizität des Wortes Gottes als des Geschehens, das das Selbstverständnis des Menschen gründlich umwen-

det, gründet in sich selbst. Der Umgang mit dieser Selbstwirksamkeit der Religion muss freilich geübt werden, denn
keinesfalls versteht sich das dem Wort Gottes entsprechende
kirchliche und pfarramtliche Handeln von selbst (36–40).
Gewissermaßen als Leitlinie für einen Aufbau und eine Kon-
trolle des Handelns im Pfarramt nimmt Barth abschließend
Luthers Begriff einer *theologia crucis*, einer Theologie des
Kreuzes, auf: »Stehen wir auf dem Boden der theologia crucis?
Das scheint mir die Schicksalsfrage zu sein.« (41) Er tut das
allerdings in einer sehr eigenen Weise. Barth liegt bei diesem
Ausdruck vor allem daran, dass es die menschliche Negativität ist – also die Erfahrung der Unmöglichkeit, die zentrale
Frage des Menschenlebens: »ob's denn wahr ist«, zu beantworten –, welche durch das Kreuz repräsentiert wird. Eben
im Kreuz, in dieser Leere, dieser Bestimmtheit durch den
Tod – das Leben, die Fülle, die Auferstehung zu erkennen,
das macht die Eigenart der göttlichen Gegenwart aus. Überall da jedoch, wo diese negative Selbstsicht aus der Religion
ausgeschlossen werden soll, kann von einer wahrhaften Gegenwart Gottes nicht die Rede sein. Damit grenzt sich Barth
abermals, nun im Sinne eines mitlaufenden Kontrollkriteri-
ums, von Gestaltungen des Christentums ab, die aus scheinbarer Fülle heraus agieren; das ist für Barths Optik 1922 vor allem der Katholizismus mit seinem auf inszenierte Präsenz
eingestellten Abendmahlsvollzug: »Was in der Linie des Altarsakraments liegt, das ist *Flucht* vor der Not der christlichen Verkündigung und darum Flucht auch vor ihrer *Verheißung*.« (42) An die Stelle dieser falschen Gegenwart tritt das
Erleben: »der Weg zum Erleben der Erfüllung« geht für ihn
»durch das Sterben aller menschlichen Herrlichkeit und zuerst aller kirchlichen«. (41) Doch das, was hier eine Forderung
zu sein scheint, liegt nach Barths Einschätzung in Wahrheit

bereits allem kirchlichen Handeln zugrunde. Dass es sich so verhält, kann und muss nur in einer *Besinnung*, einer »*Erinnerung* an den *Sinn* unseres Redens und Tuns« herausgearbeitet werden (43).

Luthers *theologia crucis*, um das nur anzumerken, war anders verfasst. Mit dem Ausdruck, den er programmatisch (fast) nur in der Heidelberger Disputation 1518 gebrauchte, bezog Luther sich darauf, dass die Theologie die Verborgenheit Gottes am Kreuz Jesu als Ausgangspunkt zu nehmen habe – und sich nicht (als *theologia gloriae*, Theologie der Herrlichkeit) mit Gottes jenseitigem Sein beschäftigen solle. Was bei Luther also auf das Verhältnis von Gott und Jesus bezogen war, wird bei Barth zu einer Signatur des Menschenlebens vor Gott, das sich in seiner Negativität von Gottes Geist erreichen lassen muss. »Veni creator spiritus« (44), komm Schöpfer Geist, ist darum der Seufzer, der der Existenz unter dem Kreuz entfährt. Das ist nicht ganz falsch, stellt aber eine Veränderung des Gedankens Luthers dar, die man möglicherweise als Weiterführung verstehen kann, wenn man sie mit Problemen zusammensieht, die aus der Lehre vom Gesetz, wie oben angedeutet, erwachsen.

Fazit

Wir sind jetzt in der Lage, ein systematisches Fazit aus dem die Zuhörer damals kräftig bewegenden Vortrag *Not und Verheißung der christlichen Verkündigung* zu formulieren. Es lassen sich dabei aus betrachtender Sicht vier Schwerpunkte benennen.

Erstens. Ganz offensichtlich ist es Barth um eine neue Begründung der Selbständigkeit der Religion zu tun. Es ist ebenso offensichtlich, dass er dabei den Religionsbegriff mit Absicht umgeht. Das hat mit der zeitgeschichtlich induzier-

ten Sachlage zu tun. Denn was Barth und seine Mitstreiter er-
lebt haben und wovon sie sich absetzen, ist die Debatte um
Gültigkeit oder Bestreitung der Religion als wesentlicher Teil
menschlicher Kultur. Mit der Krise der bürgerlichen Kultur,
wie sie im Ersten Weltkrieg ihren Ausdruck gefunden hat, ist
nach Barths Urteil die Möglichkeit erloschen, religiöse Tradi-
tionsbestände durch ihr kulturelles Versagen hindurch zu
retten. Dabei fällt für ihn der Versuch, gewissermaßen vor die
Krise zurückzugehen und sich auf antimoderne religiöse Anschauungen zu berufen, also der traditionalistische Weg,
dahin. Aber auch die Bemühungen, so etwas wie eine moder-
nitätskompatible Version des Christentums aufzulegen, mit
der gewisse Auffassungen modifiziert durch die Krise ge-
bracht werden, erscheinen ihm nicht aussichtsreich. Statt
dessen geht es ihm um den Rückgang auf die Ursprungssituation des christlichen Glaubens, welche im Hören auf
das Wort Gottes besteht, also auf die unmittelbare Rezeption
göttlicher Wirklichkeit durch den Menschen zielt.

Diese Rezeption ist nach dem Modell der Kommunikation
vorgestellt und wird im Schema von Frage und Antwort ausgelegt. Damit wird der menschlichen Situation eine Aus-
gangsfunktion zugemessen, sofern menschliches Leben im
Fragen besteht, das sich in dem Charakter einer aporetischen
Fraglichkeit des Lebens überhaupt zuspitzt. Allerdings besitzt auch gegenüber dieser zusammenfassenden Fraglichkeit des Lebens die göttliche Antwort, also der Vorgang der
Selbstvergegenwärtigung Gottes, einen kategorialen Vor-
sprung. Denn nur dann, wenn die Negativität der menschlichen Fraglichkeit als Reflex des Angesprochenseins von Gott
erkannt wird, nur dann findet auch die aus dem Menschenleben selbst erwachsende Fraglichkeit ihre Antwort. Es ist
dieser Rückgriff auf das Wort Gottes, das Barth dazu moti-

viert, nicht nur von Reformation zu reden, sondern sich auch bestimmter Momente reformatorischer Theologie zu bedienen. Daran ist zutreffend, dass es auch der evangelischen Refor-mation des 16. Jahrhunderts nicht um eine neue Traditionsbildung, sondern um eine genaue Wahrnehmung der Ursprungssituation des Glaubens ging.

Zweitens. Die Durchführung dieser Strategie, die Selbständigkeit der Religion neu zu begründen, nimmt erhebliche Risiken in Kauf. Denn sie bewegt sich durchgängig in Oppositionen, indem das »Erleben der Erfüllung« einem religiösen »Haben« wie im katholischen Altarsakrament gegenübergestellt wird, das »Warten« auf die göttliche Präsenz dem »Verfügen« über den religiösen Besitz. Diese kritische Sicht schließt auch die evangelische Kirche ein, auch die evangelischen Pfarrer, sofern sie sich als Vermittler des Heils verstehen wollen. Das rechte Hören auf das Wort Gottes als die auf die Menschen zukommende Antwort auf ihre Lebensfrage hat die Gestalt eines Bekenntnisses zur eigenen Negativität. Das ist eine Zumutung an das humane Selbstverständnis. Es ist aber auch der einzige Weg, die Religion nun nicht abermals auf einen positiven Bestand sei es von Lehrsätzen, sei es von inneren Zuständen, festzulegen.

Drittens. Die Ursprungssituation des Glaubens ist durch drei Vorgänge gekennzeichnet, die aneinander anschließen und sich sachlich durchdringen. Da kommt zunächst die Aufgabe einer eigenen Selbstbeurteilung hinsichtlich der Struktur der Fraglichkeit des menschlichen Lebens in den Blick. Zweifellos gewinnt diese Selbstbetrachtung dann eine höhere Dringlichkeit, wenn die sichernden kulturellen Rahmenbedingungen des Lebens brüchig geworden sind. Man kann diese Situation als eine historische Nötigung zur Konzentration auf die zusammenfassende Lebensfrage ansehen.

Diese offene Lebensfrage kann man sodann als Frage nach einem einenden Grund jenseits der innerweltlichen Differenzen auslegen. Dabei kommt allerdings zu Bewusstsein, dass dieser Grund eben nicht außen, in einer Überwelt oder im Jenseits, gesucht werden kann, sondern im Menschenleben selbst gefunden werden muss. Dort aber, das ist der dritte Aspekt, lässt er sich nicht in einem unbetroffenen Seelenwinkel finden, sondern in der Beziehung des ganzen Lebens auf Gott, die genau daher kommt, dass Gott selbst das ganze Gegenüber des Menschen ist, der Mensch aber nichts an sich selbst, sondern alles nur aus Gott. Diese neue Durchsichtigkeit der eigenen menschlichen Situation ist nun nicht Produkt einer intensiven und kritischen Selbstreflexion, sondern stellt die humane Entsprechung zum Wort der Bibel dar, in der sich die gemeinsame Struktur durchzieht, dass Menschen vor Gott nichts, durch Gott aber sie selbst sind. Ihren sachlichen Grund besitzt diese Struktur in der Geschichte Jesu Christi, der im Tod nichts ist, aber durch die Auferweckung durch Gott als er selbst da ist – und zwar unter Einschluss, nicht im Abtun des Kreuzes. Indem vom Wortlaut der Bibel Gebrauch gemacht wird, wird der Prozess der menschlichen Selbstdeutung in ihrer aporetischen Fraglichkeit in einen Horizont eingestellt, der dem Menschen diese Veränderung vermittelt, aus der Beschränkung auf sich selbst heraus alles von Gott zu erwarten.

Viertens. Der Rahmen für diese Veränderung wird erwartungsgemäß im Gottesdienst aufgespannt, und es ist die Aufgabe des Pfarrers, die menschliche Frage und die (unanschaulich bleibende, nur in der Negativität zu erfahrende) göttliche Antwort aufeinander zu beziehen. Das stellt eine hohe Anforderung an das Pfarramt dar, besiegelt aber zugleich die Niederlage des Pfarrers als vermittelndes Subjekt. Damit ist das

Pfarrerbild durch Hochsteigerung ebenso wie durch Selbst-
kritik gekennzeichnet. Diese kritische Lage ist freilich unvermeidlich, weil nur in dieser Gestalt die Selbstwirksamkeit des
Wortes Gottes zur Geltung kommt.

Karl Barth hat diese Einsichten in seiner weiteren theologischen Arbeit aufgenommen und ausgearbeitet. Es ist wich-
tig zu sehen, dass seine Theologie aus einer intensiven Zeit-
genossenschaft lebt, in dieser Lage aber grundsätzlich nicht
eine historische Anpassung der Theologie verfolgt, sondern
sich auf den Ursprungsvorgang des Glaubens als Hören des
Wortes Gottes einstellt.

Darum besitzen die Grundmerkmale seiner Überlegungen auch heute Relevanz. Dazu zählen insbesondere: der Versuch, die Selbständigkeit der Religion neu, von ihrem Ursprung her, zu begründen; die Rolle der Kirche als notwendig anzusehen, aber kritisch einzuschätzen; Religion nicht
über innere Zustände des Bewusstseins oder des Gefühls auf-
zufassen, sondern als umfassende, Autonomie gewährende
Negativität im Gegenüber zu Gott, von dem *alles* zu erwarten ist. An zwei Punkten wird man heute kritischer sein müssen, als Barth es 1922 war: Ob die herausgehobene Rolle des
Pfarrers für die Kommunikation des Wortes Gottes noch so
gelten kann, ist fraglich. Darum wäre dieser Gedanke einer
Kommunikation des biblischen Wortes als Wort Gottes womöglich breiter zu fassen. Auch die Vorstellung, es müssten
die menschlichen Lebensfragen sich selbst schon, wenn auch
implizit, zur allgemeinen Fraglichkeit des Lebens verdichten,
scheint in der Gegenwart nicht mehr unbedingt nötig; es
könnte vielmehr so sein, dass sich bereits in »kleinen« Fragen
das Ganze der Fraglichkeit zur Geltung bringt. In beiden
Fällen handelt es sich jedoch um Probleme, die die Triftigkeit der zuerst genannten Grundeinsichten nicht aufheben.

## 4. Verkündigung und Theologie

Dass Barths Versuch, die Selbständigkeit der christlichen Religion vom Ursprung des Gottesverhältnisses her aufzubauen, bei der Verkündigung einsetzt, ergibt sich aus historischen und systematischen Gründen. Der Ausdruck »Wort Gottes« meint in diesem Kontext nicht einen über die Bibel oder die Kirche vorgegebenen Sachverhalt, sondern das Sichereignen und Erleben des Ineinanders von humaner Fraglichkeit und göttlicher Gegenwart. Die Figur einer erfüllten Negativität menschlichen Lebens, die nicht in einen inneren Zustand überführt werden kann, aber ein autonomes Weltverhalten im Umgang mit allen einzelnen Lebensfragen eröffnet, ist die Form dieses Glaubens. Es liegt auf der Hand, dass die damit gegebene Strukturbeschreibung stets voraussetzt, dass sich diese kritische Einheit von menschlicher Frage und göttlicher Antwort tatsächlich vollzieht. Für dieses Moment der Verwirklichung ist die personale Präsenz des Pfarrers unerlässlich, der im Gottesdienst die beiden Pole von Frage und Antwort aufeinander bezieht, indem er selbst an beiden Seiten teilhat.

Wenn diese Beschreibung zutrifft, dann legt sich eine anschließende Aufgabe sogleich nahe. Was muss geschehen, um das Selbstverständnis der als Pfarrer agierenden Personen so zu bilden, dass sie sich ihrer berufsspezifischen (objektiven) Rolle ebenso innewerden wie ihrer (subjektiven) Lage als antwortbedürftige Menschen? Darin – und nur darin – besteht die Aufgabe der Theologie. Und genau diese Konzentration auf das Geschehen, in dem der Glaube entsteht, ist gemeint, wenn vom *Wort Gottes* gesprochen wird, das als *Aufgabe der Theologie* in Betracht kommt.

Barth selbst hat das Thema des Vortrags bestimmt, den er am 3. Oktober 1922 auf der Elgersburg in Thüringen vor einer erweiterten Runde der »Freunde der Christlichen Welt« hielt. *Die Christliche Welt* war eine seit 1887 erscheinende Halbmonatsschrift, das wichtigste Publikationsorgan eines modernen, kulturell offenen Protestantismus, das sich über den engeren Kreis von Kirchenangehörigen und kirchlichen Mitarbeitern hinaus an gebildete Zeitgenossen mit Interesse am Christentum wandte. Herausgeber war der Ritschl-Schüler Martin Rade, seit 1900 Professor in Marburg, mit dem Karl Barth seit seiner Marburger Studienzeit bekannt und befreundet war; im Jahr 1907/08 hatte er selbst als Redakteur bei dieser Zeitschrift mitgearbeitet. Die »Freunde der Christlichen Welt« hatten sich um die Zeitschrift geschart; 1920 war dieser Kreis in dem »Bund für Gegenwartschristentum« aufgegangen. Rade hatte Barth schon 1921 zum Vortrag auf die Elgersburg eingeladen, und Barth hatte sich im Herbst 1922 dazu entschlossen, nun dezidiert die Frage nach der Gestalt einer »Theologie des Wortes Gottes« zu erörtern. Es konnte sich dabei um nichts anderes handeln als um die Frage, wie man zur richtigen Haltung im Pfarrberuf kommen kann – und was man angesichts dieser Aufgabe von der Theologie als Wissenschaft und als Mittel der persönlichen Bildung erwarten kann.

Im Unterschied zum Vortrag *Not und Verheißung der christlichen Verkündigung* rückt der Elgersburger Vortrag sogleich die Person des Pfarrers in den Mittelpunkt. Allerdings nun auch hier nicht, sowenig wie im Fall der Gottesdienstbesucher, als psychologisch zu betrachtende Personen, die von allerlei technischen Nöten im Beruf bedrängt werden, die sich von der religionskritischen Zeitlage und der geschwundenen gesellschaftlichen Anerkennung beeindrucken lassen oder die an der Rückständigkeit und Verwaltungsstarre der Kirche leiden. Diese beruflichen und persönlichen Probleme fallen allesamt unter die Lebensfragen, mit denen es Menschen nun einmal tun haben. Barth zielt aber auf etwas anderes – und dafür kommt erneut die »Situation« ins Spiel, die »Sache«, um die es geht. Sie läßt sich an der Fachbezeichnung »Theologe« festmachen.

Es ist aufschlußreich, dass Barth, dem es doch um den Pfarrer geht, sogleich auf den »Theologen« zugreift. Damit nimmt er eine hochgradig normative Ausrichtung des Pfarrberufs vor, der sich nicht über seine Gemeindeleitung oder seine kommunikativen Alltagskompetenzen (»nah an den Menschen«) definiert, sondern über die Ausrichtung auf Gott bzw. von Gott her. Man könnte das Verfahren Barths auch so beschreiben, dass er das in allem kirchlichen Reden vorkommende Wort »Gott« in einem radikalen Verständnis fasst, als kritische Instanz nicht nur gegenüber diesem oder jenem Aspekt der Berufstätigkeit, sondern als Kritik der Person überhaupt. Diese Position drückt sich in der absoluten Notwendigkeit aus, von Gott reden zu müssen; nur der Gott, von dem nicht geschwiegen werden darf, ist das Gegenüber zum Menschen. Auf diesen Gott aber kann kein Mensch zugreifen. Gott steht ihm nicht wie ein Begriff oder ein Sachverhalt zur Verfügung. Tatsächlich geht es um zwei Seiten derselben Einsicht: Wenn so von Gott geredet werden muss, dass er das absolute Gegenüber und Voraus ist, dann entzieht ihn diese Position der Reichweite unserer Sprache. Darum kann nicht von Gott geredet werden, obwohl die Nötigung dazu fortbesteht.

Aus dieser Konstellation ergeben sich die – berühmt gewordenen – Leitsätze des Vortrags: *Wir sollen als Theologen von Gott reden. Wir sind aber Menschen und können als solche nicht von Gott reden. Wir sollen Beides*, unser Sollen und unser Nicht-Können, *wissen und eben damit Gott die Ehre geben.* (49) Wie so oft bei einprägsamen Formeln sind sie schwieriger zu verstehen, als es zunächst den Anschein hat.

## 5. Von Gott reden

*Wir sollen als Theologen von Gott reden.*
In einem theologischen Text scheint diese Formel fast von
selbst besagen zu müssen, dass es eine quasi göttliche Aufforderung ist, der sich die Theologen ausgesetzt sehen. Diese
Vermutung stellt sich im durchschnittlichen Bewusstsein
der evangelischen Theologie heute auch darum ein, weil Karl
Barth, vor allem durch Texte seiner späteren Theologie, als
»autoritärer« Autor gilt, dem man unterstellt, eigene Absich-
ten hinter transzendenten Vorgaben zu verstecken. So verhält es sich aber nicht, im Gegenteil. Das Sollen, von dem die
Rede ist, verdankt sich den Anforderungen anderer Menschen, die an die Pfarrer als Theologen gerichtet werden. Damit lässt sich Barth auf ein hermeneutisches Verfahren ein,
das die vorliegende Situation einer ausdifferenzierten pfarramtlichen Berufsrolle deutet.

Warum gibt es Theologie, warum gibt es Menschen, die
diese Disziplin als Beruf ausüben? Wenn man, um diese Frage
zu beantworten, ein Ausschlussverfahren bemüht, dann
zeigt sich, dass als eigentümliche Funktion der Theologen
tatsächlich nur die Rede von Gott in einem unverwechsel-
baren Sinn in Betracht kommt. Alles andere lässt sich auch
von anderen Professionen her versehen: psychologischer
Trost und Beistand, soziale Integrationsfähigkeit, kulturelle
Kompetenz sind nichts, weswegen man Theologie benötigte.
Die Aussonderung des Pfarrberufes und die Inanspruch-
nahme des Pfarrers als Theologe weisen aber darauf hin, dass
»von Gott reden« besagt: vom Jenseits dieser Dimensionen
menschlichen Austauschs und menschlicher Gestaltung zu
sprechen. Mindestens implizit steckt also in der Situation
selbst eine Frage, die über das Ensemble kultureller, sozialer

und psychischer Phänomene hinausgeht. Damit ist die Frage gestellt nicht nach einem zusätzlichen, das Ensemble der menschlichen Möglichkeiten bereichernden Baustein, sondern nach dem Ganzen und seiner Gültigkeit. Wohlgemerkt: Man kann gar nicht vorab wissen, ob es dieses Andere gibt, nach dem so implizit gefragt wird. Es steckt jedenfalls in der Frage keine Vermutung einer passenden Antwort.

Dass diese Frage aber so radikal gestellt wird, selbst wenn sie oft nur unausdrücklich vorkommt, ist eine spezifische Signatur der Zeit. Denn es gibt ja Zeiten, in denen es sich geradezu aufdrängt, nach dem möglichen Grund des Menschseins zu fragen – dann nämlich, wenn die gesellschaftlichen Selbstverständlichkeiten sich als nicht mehr tragfähig erwiesen haben. Dann gewinnt auch die Frage nach der Religion und dem in ihr thematischen Gottesverhältnis ein eigenes Gewicht – über den Aspekt hinaus, dass die Religion natürlich auch ein Kulturphänomen ist. Diese Besonderheit der Religion mag unter anderen historischen Konstellationen im Hintergrund bleiben, selbst wenn sich ihr Eigenstes auch dann unerwartet und ohne äußeren Anlass melden kann.

Der Mensch selbst und als solcher ist die Frage – das ist Barths Analyse der Zeit, die aufs Grundsätzliche zielt. Die Frage geht ist Offene, weil sie die großen und kleinen Fragen, die ein Leben beschäftigen, in die, wie wir sagten, grundsätzliche Fraglichkeit bündelt. War diese Situation in *Not und Verheißung* am Modell der Gottesdienstbesucher erörtert worden, so wird sie jetzt ganz allgemein in Angriff genommen. Leben heißt fragen, lautete unsere Beobachtung am ersten Vortrag; das gilt für alle, ob sie zur Kirche kommen oder nicht.

Allerdings ist mit dieser scharfen Fassung der menschlichen Fraglichkeit auch schon ein Muster für denkbare Antworten vorgegeben. Denn zwei Konstellationen möglicher Antworten greifen in dieser Lage zu kurz. Einmal die Variante, die den vielen Fragen im Leben nun noch eine weitere hinzufügt. Ob jemand glaubt oder nicht, ist demnach nicht eine Frage von Geschmack und Vorlieben, also von subjektiver Gestimmtheit, sondern eine das ganze Leben durchziehende Existenzfrage. Das Gottesverhältnis tritt nicht hinzu, es will als Grundlage entdeckt werden. Aber auch eine andere Variante geht fehl; diejenige, nach der die religiöse Antwort den Menschen aus seiner Fraglichkeit zu befreien verspricht, und sei es nur temporär. Eine religiöse Antwort, die die Selbsttätigkeit des Menschen unterschlägt, wie sie sich in seinem unablässigen Fragen zeigt, gerät selbst ins Abseits des modernen Lebens. Eine religiöse »Auszeit« spiritueller oder liturgischer Art mag kurzfristig Entlastung verschaffen, verfehlt aber die Tiefe der humanen Such- und Fragedimension.

Damit stellt sich die Forderung nach der spezifischen Form einer expliziten Antwort auf die Humanitätsfrage sehr scharf. Gibt es eine Antwort, von der gilt: Sie betrifft das Ganze der menschlichen Existenz – und sie bewährt das menschliche Leben in seiner permanenten Such- und Fragebewegung? »Nach der Antwort, die als Antwort seine *Frage* wäre, nach dem Unendlichen, das als Unendliches *endlich* wäre, nach dem dort, der als der, der er dort ist, er *hier* wäre, nach Gott, der als Gott *Mensch* wäre, fragt er [der Mensch], wenn er nach Gott fragt.« (53) Damit ist klar: Diese Antwort ergibt sich nicht als Fortsetzung der humanen Fragerichtung in ein Unendliches, sondern sozusagen als Umwendung und Einkehr der Frage in sich selbst. »Gott wird Mensch«, das Absolute ist am Ort des Endlichen – darum geht es. Und das Menschsein besteht im Fragen, in der unabschließbaren Offenheit des Lebens. Darin befestigt und bestärkt zu sein, das ist der Gehalt dessen, was man in einer dogmatischen Sprache (die Barth hier nicht gebraucht!) Offenbarung nennen kann. Diese Offenbarung ist die unbedingte Bejahung der menschlichen Existenz – gerade im Modus ihrer höchsten Fraglichkeit.

An dieser Stellt fügt Barth einen Exkurs über die Theologie als Wissenschaft an staatlichen Fakultäten ein (54-57). In der Tat lässt sich von der beschriebenen Ausgangssituation humaner Fraglichkeit her ein genaues Bild von Sinn und Zweck theologischer Fakultäten zeichnen. Man kann die Wissenschaften als die gesellschaftliche Organisation zum Erwerb lebensnotwendigen Wissens verstehen, gewonnen auf dem methodischen Weg fortgesetzten Fragens. Darin ist enthalten, dass den Wissenschaften ein Lebenszusammenhang vorausliegt, der sie nötig macht, für den zu forschen sich aber auch lohnt. Diese Voraussetzung ist selbst nicht Gegenstand der Wissenschaften, sondern liegt jeder von ihnen zu Grunde. Die Theologie nun beschäftigt sich mit genau dieser Voraussetzung. Und sie tut das gerade so, dass sie der Versuchung widersteht, diesen Gegenstand für einen zu halten, der den Gegenständen anderer Wissenschaften analog ist. Der Unterschied zu den wissenschaftlichen Gegenständen besteht vor allem darin, dass es sich bei Gott nicht um eine weltliche (oder überweltliche) Gegebenheit handelt, sondern um den dynamischen Kraftquell, aus dem sich alles Wirkliche so speist, dass wir uns fragend in ihm bewegen können. Die Theologie ist, wie Barth sagt, ein »Notzeichen« (54), Index eines von allgemeiner Wissenschaft Unerreichbaren, das gleichwohl vorauszusetzen ist.

Interessant ist in diesem Zusammenhang die Frage, wie sich die sozusagen lebensweltliche Voraussetzung der Wis-

senschaften, ihr Mitgesetztsein mit dem gesellschaftlichen
Leben der Menschen, zu dem Ursprung verhält, der Gott genannt wird. Eine Parallele besteht zweifellos darin, dass man
hinter den Zusammenhang, in dem wir uns vorfinden, nicht
zurückfragen kann. Ein Unterschied ist darin zu sehen, dass
das gesellschaftlich Allgemeine immer nur als sozioaktive In-
terdependenz zu denken ist, in welcher menschliche Individu-
alität untergebracht wird. Dagegen ist das Bewusstsein der
Herkunft von Gott oder das Bewusstsein der Geschöpflich-
keit dadurch gekennzeichnet, dass es den Lebensgrund des
Einzelnen im Gesamtzusammenhang der Welt als Ausgangspunkt von Denken und Empfinden nimmt.

Mit seiner Bestimmung des Zwecks der Theologie grenzt
sich Barth von der Religionswissenschaft ab – ein damals
wissenschaftsgeschichtlich noch relativ neuer Begriff, der als
Name einer Disziplin seit dem letzten Drittel des 19. Jahrhunderts aufkam, dann aber etwa bei Ernst Troeltsch eine systematisch wichtige Rolle zur Erfassung der Kulturge-
schichte spielte. Barth sieht den Mangel der Religionswissenschaft – zu Recht – darin, dass immer nur auf das Vorliegen
von Religion reflektiert wird, wie sie in den religiösen Insti-
tutionen, den formgebenden Ritualen, den verkündigten
Lehren und den davon bestimmten Bewusstseinsprägungen
und Verhaltensroutinen vorkommt. Dagegen ist ihr die aktive Teilnahme und damit die Teilhabe am Entstehungspro-
zess von Religion methodisch verschlossen – genau darauf
aber kommt es an, wenn man nach der Selbständigkeit der
Religion unter modernen Bedingungen fragt. Es mag also,
meint Barth, durchaus auch eine religionswissenschaftliche
Beschreibung des Christentums geben; damit ist aber die lebendige Religion, wie sie im Glauben entsteht und aus Glauben gelebt wird, nicht zu erfassen.

Barth unterlässt es auch nicht, für seine Auffassung von Theologie Beispiele aus der Bibel und der Kirchengeschichte heranzuziehen (57–59). Das ist insoweit ein nachvollziehbares, ja nötiges Unterfangen, wenn der Eindruck vermieden werden soll, es handle sich bei dieser theologischen Einstellung um eine moderne oder die Moderne nachahmende Ansicht. In der Tat ist ja die von Barth gewählte Perspektive auf die Bedingungen der Entstehung des Glaubens eine solche, die zu allen Zeiten möglich ist und auch wirklich eingenommen wurde. Als Prototypen dieser Haltung kommen solche Gestalten in den Blick, die mit einer Abgrenzung zum Bestehenden gearbeitet haben, um die Eigenart des religiösen Glaubens darzutun. Insofern kann die Berufung auf Kierkegaard, den antibürgerlichen Einzelnen, auf Luther (und Calvin) als Reformatoren, auf Paulus als Theologen des beschneidungsfreien Christentums, auf Jeremia als Tempelkritiker durchaus überzeugen. Auf der anderen Seite macht eine solche Ahnengalerie auch immer einen etwas sehr plakativen und konstruierten Eindruck; es wird damit nicht nur mehr beansprucht, als man einlösen kann, es werden auch die Differenzen zwischen den genannten Personen vergleichgültigt. Wollte man für diese Reihe einen gemeinsamen Nenner suchen, könnte man diesen darin sehen, dass alle hier Aufgeführten eine sich gegenüber der vorherrschenden religiösen Tradition abgrenzende »existentielle« Theologie vertreten haben.

Vielleicht besteht die besondere Pointe dieser Ahnenreihe auch darin, Friedrich Schleiermacher *expressis verbis* auszuschließen. Der könnte zwar auch als religiöser Virtuose firmieren, wäre aber kein Krisentheoretiker und kein Abgrenzungspraktiker; Schleiermachers Anliegen bestand vielmehr darin, die Selbständigkeit der Religion gerade dadurch herauszuarbeiten, dass sie als Grundlagendimension von Mensch

und Gesellschaft verstanden werden kann. Genau das aber ist
Barth nicht mehr möglich. Sein Gegensatz zu Schleiermacher, mit dem er es lebenslang zu tun haben wird, ist zunächst historisch veranlasst, weil die Theologie um 1900 eben
einer noch schärferen Herausforderung in puncto Selbständigkeit der Religion zu begegnen hat, als sie bei Schleiermacher vorlag. Barth geht es dezidiert um ein »*neues* Geschehen«
(59), nicht um eine Tiefendimension des Bewusstseins im Ge-
fühl. Allerdings, das sollte hier unbedingt erinnert werden,
stellt diese historisch-theologische Abgrenzung Barths von
Schleiermacher keineswegs das letzte Wort dar, das Barth zu
Schleiermacher geäußert hat. Erst recht lässt sich von dieser
polemischen Verabschiedung Schleiermachers aus der evangelisch-theologischen Ahnenreihe kein hinreichendes Urteil über das tatsächliche Verhältnis der beiden großen Theologen zueinander ableiten.

*Wir sind aber Menschen und können als solche nicht von
Gott reden.*
Auch dieser Satz, ein scheinbarer Gegensatz zum ersten, besitzt seine eigene hintergründige Logik. Sie wurzelt in der
Rede vom »Menschen ... als solchen«. Es versteht sich nämlich
keineswegs von selbst, dass es zu dieser Zuspitzung kommt,
dass der Mensch eben nicht mehr als Teil der Gesellschaft, als
Glied der Kirche, als Mitgestalter der Kultur gesehen wird –
alles Relationen, die ihm allerlei Reden von Gott ermög-
lichen, wie es ja in der Geschichte hinreichend der Fall war.
Die Nacktheit des Menschen »als solchen« ist, so muss man
konstatieren, selbst ein historisches Faktum. Alle möglichen,
schon bestehenden Verbindungen zum Transzendenten
werden damit gekappt. Diese Isolierung des Menschen treibt
seinen Gegensatz gegen Gott hervor. Auffällig ist, dass Barth

hier nicht etwa mit dem Gedanken der Sünde arbeitet; das wäre ein theologisch-normatives Urteil, das einen an sich möglichen, aber vom Menschen verworfenen Umgang mit Gott unterstellen würde. Nein, die Reduktion auf den Menschen »als solchen« ist von konstatierender, nichtmoralischer Art.

Was zeichnet den »Menschen ... als solchen« aus? Hier sieht man sich in Barths Text auf die Analyse der durchgängigen, umfassenden und aporetischen Fraglichkeit verwiesen, die die Menschen seiner Gegenwart bestimmt. Wenn dieser Eindruck universeller Fraglichkeit zutrifft, dann kann nicht mehr auf Gott als ein beständiges Gegenüber zurückgegriffen werden, wie es noch möglich schien, als die Welt insgesamt religiös geprägt war. Der Mensch wird sich so sehr selbst zur Frage, dass alle Antworten, die er darauf zu geben versucht, ihrerseits von dieser inneren Fraglichkeit durchzogen sind. »Positive« Antworten, die den Menschen seinem ihm bevorstehenden Todesgeschick entreißen könnten, gibt es nicht mehr. Mit dieser Situation hat nun aber auch die Theologie umzugehen. Daraus folgt grundsätzlich, dass die Antwort, die nach Barths Einsicht von den Theologen erwartet wird, eine sein müsste, »die als Antwort seine *Frage* wäre«. Gemeint ist: Es müßte die Rede sein von »Gott, der als Gott *Mensch* wäre« (53). Genau das aber ist dem Menschen »als solchem« nicht möglich. Denn wenn die Antwort auf der Linie des Fragens gesucht wird, bleibt Gott das vom Menschen gesetzte Andere, sein dauerndes Gegenüber, das sich darin als unfähig erweist, die Fraglichkeit des Menschen zu erreichen.

Barth rezipiert hier unausdrücklich eine entscheidende Weichenstellung der Religionskritik. So würde etwa auf der Fluchtlinie von Karl Marx gelten, dass die Menschen aus Gründen ihres eigenen entfremdeten Lebens Gott als ein Ge-

genüber fingieren, welches sie von den unmenschlichen
Zuständen untereinander ablenkt, in dieser Ablenkung aber
nichts zu einer Änderung der Lage beiträgt, sondern ihr
Elend noch vertieft. Ein solche religiöse »Antwort« zieht die
Energie gerade von der Wirklichkeit des Lebens ab. Das so ge-
setzte Gegenüber Gottes zum Menschen lässt sich aber auch
nicht in ein Miteinander Gottes mit dem Menschen umwen-
den und umwandeln. Denn der Status des »Gesetztseins« des
Gottesgedankens als Gegenüber verdirbt grundsätzlich die
Möglichkeit, »daß *Gott Mensch* wird« (60). Unter den gegebenen Voraussetzungen bleibt dieser Gott als Gegenüber ein
Produkt des Menschen. Statt dass die beanspruchte Gegen-
ständlichkeit eine Antwort auf die Fraglichkeit wäre, ist sie in
Wahrheit nur eine erneute Artikulation menschlicher Be-
grenztheit.

Es zeichnet Barths Umgang mit dieser religionskritisch
imprägnierten Problemlage aus, dass er die damit benannten
Schwierigkeiten auch für die professionell-methodisch be-
triebene Theologie ernst nimmt und anerkennt. Er operiert
hier nämlich nicht nur, wie es naheliegend scheint, mit der
einfachen Opposition von Gott und Mensch (»Gott ist Gott
und Mensch ist Mensch«), sondern konfrontiert auch die re-
flektierte theologische Redeweise, wie sie in dem Satz »Gott
wird Mensch« zur Sprache gelangt, mit dem angezeigten
Problem, das in der Abhängigkeit dieser Aussage von den
menschlichen Redebedingungen besteht.

Wie kann man sich diesem Problem theologisch stellen?
Dazu ist eine Hintergrundüberlegung hilfreich, die sich auf
das Verhältnis von Sprache, Sprecher und ausgesprochenem
Sachverhalt bezieht. Es kennzeichnet die Situation des Menschen »als solchen«, dass alle Aussagen, die er über Sachverhalte macht, unter das Vorzeichen des Sprechers rücken. Es

sind eben immer Menschen, die solche Sachverhalte formulieren. Diese Einsicht steckte schon hinter Kants Erkenntnistheorie. Sie wird noch einmal gesteigert, indem der Mensch sich unter den gegebenen historischen Bedingungen zu Anfang des 20. Jahrhunderts selbst zur unbeantwortbaren Frage wird. Denn damit stehen alle Aussagen unter dem Vorbehalt, Ausdruck und bestenfalls Kompensationsversuch dieser Fraglichkeit zu sein. Wenn nun seitens der Theologie eine wirkliche Antwort gegeben werden soll, so steht sie einerseits auch unter den Bedingungen, die für alle Aussagen gelten. Andererseits muss sie sich aber auf den Grund der Fraglichkeit selbst beziehen, also auf irgendeine Weise hinter diese scheinbar unveränderliche menschliche Grundsituation zurückgehen. Das kann, wie man sofort sieht, nicht auf die Weise geschehen, dass man sich dafür auf eine fraglos gegebene Wirklichkeit berufen kann. Vielmehr muss sich die Antwort auf das Werden dieser Fraglichkeits-Verfassung des Menschen beziehen. Das heißt, es muss im Menschen selbst ein neues, verändertes Bild seiner Lage entstehen; es muss ihm ein neues Selbstverständnis aufgehen.

Mit dieser Überlegung wird zugleich ein allgemeineres sprachphilosophisches Problem berührt, nämlich das Verhältnis zwischen der sprachlichen Aussage eines Sachverhalts und der kommunikativen Wirklichkeit der Aussage. Natürlich braucht man für alle wissenschaftlichen und technischen Sachverhalte neutrale Aussagen, die vom Subjekt der Aussage auch abgelöst werden können. Aussagen über das Selbstverständnis der Subjekte aber wirken nicht als solche, sondern nur so, dass es möglich wird, in den Vorgang der Kommunikation selbst einzusteigen. Denn es geht darin nicht um die Zustimmung zu etwas dem Menschen Gegenüberstehendes, dessen Erkenntnis man durch Konzentration auf den Gegenstand gewinnt, sondern um das Teilen eines Selbstverständnisses, das man an sich selbst erfahren muss. Die in Worte gefassten Aussagen und die kommunikative Wirklichkeit, die durch sie zur Geltung kommt, sind zu unterscheiden. Man könnte auch sagen: Die Aussagen sind auf die in ihnen zur Geltung kommende Dynamik des Verstehens hin zu durchschauen.

Man muss diese Zwischenüberlegung einschieben, um zu ermessen, was Barth mit den drei Wegen im Sinne hat, auf denen er die Theologie mit ihrer Aufgabe umgehen sieht, die Antwort auf die menschliche Fraglichkeit zu geben. Er unterscheidet den dogmatischen, den kritischen und den dialektischen Weg; dabei handelt es sich keineswegs um Modelle, die auf derselben Ebene liegen. Vielmehr werden gerade verschiedene Dimensionen zueinander ins Verhältnis gesetzt; genau diejenigen, die wir als sachverhaltsbezogene Aussage und dynamische Kommunikation unterschieden haben.

Ausgangspunkt für Barths Typisierung der theologischen Wege ist der Satz »Gott wird Mensch«. Man kann ihn als Aussage über das Wesen des Christentums verstehen. Er ist ein Satz, der selbst schon von einem Bezug Gottes zum Menschen redet – und also versucht, die schlichte Differenz zwischen dem Menschen »als solchem« und dem ihm fremden Gott zu überwinden. Auch dieser Versuch der Überwindung – gerade er! – gerät in die Spannung von distanzierter Aussage und einschließendem Kommunikationsgeschehen.

Die *dogmatische* Antwort setzt bei Gott an: *Gott* wird Mensch. Was heißt das für Gott? Was heißt das für den Menschen? Das lässt sich gedanklich entfalten. Etwa im Blick auf Jesus Christus, in dem Gott Mensch wird. Wie ist seine Person zu beschreiben? Wie ist sein Werk zu verstehen? Inwiefern ist mit der Menschwerdung Gottes das Heil des Menschen verbunden? Und worauf wird die Begründung des Heils in Christus geschichtlich hinauslaufen? Das sind Fragen, die in der dogmatischen Theologie bearbeitet und beantwortet werden. Da kommen die Zwei-Naturen-Lehre (wahrer Gott und wahrer Mensch) zur Beschreibung des Seins Jesu Christi ins Spiel, die Lehre von Opfertod Christi oder von der durch ihn vollzogenen Genugtuung, die Lehren von Rechtfertigung und Heiligung, schließlich vom Jüngsten Gericht und dem ewigen Leben. Wenn der Satz, dass Gott Mensch wird, bei Gott seinen Ausgang nimmt, dann kann es nicht ausbleiben, das Ganze in seiner objektiven Logik auszuformulieren. Das klingt, als käme damit ein übernatürlicher Zusammenhang zur Geltung, und dieser Anschein kann nicht vermieden werden. »Orthodoxie«, rechte Lehre, hat so stets einen übernatürlichen (»supranaturalistischen«) Anschein.

Doch nicht darin liegt der Mangel dieses dogmatischen Weges. Er liegt in der tieferen Einsicht, dass die Darstellung des dogmatischen Zusammenhangs in seiner Schlüssigkeit eine eigentümliche Distanz einnimmt zum fragenden Menschenleben. Wovon da die Rede ist, geht nicht nur über die Köpfe hinweg, es erreicht vor allem nicht das Herz. Wer auch immer den dogmatischen Lehren zustimmen mag – er findet darin keine Antwort auf die Fraglichkeit seiner Existenz. Das hat eben auch mit dem Geschick von Aussagen zu tun, die das Gemeinte draußen hinstellen und es damit in Distanz zum eigenen Inneren halten. Was gemeint ist, vermittelt sich nicht über Aussagen und die ihnen innewohnende Logik. Auch der nach dogmatischer Logik entfaltete Satz, dass Gott Mensch wird, bleibt dem Menschen äußerlich. Das aber führt auf den Widerspruch, dass der vom Menschen qua Aussage unterschiedene Gott in Wahrheit gar nicht Gott ist, weil er eben nicht alles erfasst. Die Theologie teilt das Geschick des modernen Geistes, immer ein Gegenüber setzen zu müssen. Als Lehrsatz markiert »Gott wird Mensch« einen Ausgangspunkt, der nicht zu seinem Ende kommt.

Die Beständigkeit und Beharrlichkeit des Menschseins, die von der dogmatischen Aussage geradezu bestätigt wird, steht der Erfassung des wirklichen Sinns der Aussage im Wege. Diese Einsicht öffnet den Zugang zum zweiten Typ von Theologie, den Barth vorstellt. Es handelt sich im den *kritischen* Weg. Er zeichnet sich dadurch aus, dass der Gehalt des Satzes »Gott wird Mensch« nun auf den *Menschen angewandt* wird. Diese Anwendung besagt, dass, wenn man es ernst meint, die Aneignung Gottes das eigene Menschsein auslöscht. Der kritische Weg realisiert die Konsequenz des im Gottesbegriff enthaltenen Gefälles, dass der Mensch nichts ist gegen Gott, gerade dann, wenn er Gott erfährt. Es handelt sich natürlich um den Weg der Mystik, wenn man das so allgemein sagen darf, also die Einsicht, dass Menschen gerade so und gerade dann mit Gott eins sind, wenn sie an sich selbst (»als solche«) vergehen. Auf dieser Linie wird der semantische Gehalt des Gottesgedankens pragmatisch auf die Menschen angewandt, statt einfach nur als Sachverhaltsaussage nach außen projiziert zu werden. Dieser kritische Weg ist also nicht nur eine logische Alternative zum dogmatischen Weg, sondern zieht die praktische Folgerung aus der vom Menschen als solchem getroffenen Aussage über Gott als Gegenüber.

Die darin aufscheinende »Negation des Menschen« stellt eine Veranschaulichung der Isolierung des Menschen »als solchen« dar. Der an sich und aus sich selbst heraus in der Fraglichkeit verharrende Mensch stellt eben alles und sich selbst in Frage, er wird darüber haltlos und setzt sich dem Vergehen aus. Seine Fraglichkeit ist nicht eine neutrale Struktur, sondern Anzeige der Auswegslosigkeit seiner Existenz.

Insofern realisiert diese Anwendung des theologischen Satzes auf den Menschen genau eine Tendenz, die dem modernen Bewusstsein eigen ist. Im *Römerbrief* heißt es: »der psychische, der irdische, der geschichtliche Mensch ist das, was überwunden werden muß« (Röm², 150) Der philosophische Existentialismus wird wenige Jahre später gerade diese Tendenz zur Selbstvernichtung zum Ausgangspunkt einer mehr oder weniger heroischen Selbstbejahung machen.

Schon der unterschiedliche Umgang mit dem Phänomen der Selbstnegation zeigt die Unbestimmtheit auf, die dieser Verneinungsstrategie anhaftet. Wenn nichts mehr da ist vom Menschen, gibt es auch kein Gegenüber mehr. Dann sind Tod und Gott ununterscheidbar, der Mensch ist ganz auf sich zurückgeworfen. Worauf im theologischen Sinne »alles Negieren ... hinzielen« muss, ist »die Negation, die unmittelbar erfüllt ist von der Positivität Gottes« (66). Wie kann dieses Ereignis, wie kann diese Erfüllung theologisch artikuliert werden? Gibt es einen dritten Weg?

»Der dritte Weg ist der *dialektische.*« (67) Dialektisch – damit verwendet Barth einen Begriff, der alles andere als klar ist. Wir verstehen seinen Gebrauch des Begriffs besser, wenn wir uns kurz einen Überblick über verschiedene Typen der Dialektik verschaffen. Ganz ungenau ist die Verwendung des Ausdrucks »dialektisch«, wenn damit nur gemeint ist, dass man sich in irgendwelchen Gegensätzen bewegt. Das eine ist nicht das andere, es gibt ein Drittes und Viertes, und aus welchen Gründen auch immer sieht man sich vom einen zum anderen Gesichtspunkt getrieben. Bei diesem Schwanken kommt aber nur heraus, dass man die Prinzipien, die den Unterschieden zugrunde liegen, nicht oder nicht ausreichend geklärt hat. Um das auf unser Beispiel anzuwenden: »Gott ist nicht Mensch«, wird dann gesagt. Aber wie sie sich zueinander verhalten, das wird nicht bedacht, sondern den Vorstellungen überlassen, die der eine und der andere mit beiden Begriffen verbindet. Man kann das einen *naiven* Gebrauch des Wortes Dialektik nennen.

Ganz anders verhält es sich etwa mit der Dialektik in der Philosophie Hegels. Das merkt man schon daran, dass der Ausdruck »dialektisch« weniger häufig gebraucht wird, weil es um Strukturen der Sache geht. Das Grundmodell dafür lässt sich folgendermaßen nachvollziehen: Wenn es darum geht, etwas als etwas zu bestimmen, dann ist eine Abgrenzung nötig – von dem, was das Bestimmte nicht ist. Dazu muss man aber dieses Anderen innewerden, also das Ausgeschlossene selbst zum Gegenstand der Aufmerksamkeit machen. Das kann, wie man sofort sieht, auch nur wieder nach dem Muster erfolgen, das nun Fokussierte von dem Anderen, das zu seiner Bestimmung nötig ist, zu unterscheiden – welches dann seinerseits einer Bestimmung unterworfen werden muss. Man entdeckt also in diesem Vorgang, der sich stets fortsetzen lässt, drei Merkmale. Einmal, dass alles Einzelne als solches mit allem anderen zusammenhängt, und zwar durchaus im Modus der Unterschiedenheit. Sodann fällt auf, dass unser Verstehen offenbar in der Lage ist, die zunächst durch die eigene Intention des Erkennens gegebene Fokussierung auch wieder zu verlassen und zu überschreiten. Das dritte Merkmal ist, dass sich die Welt der bestimmten Sachverhalte und die Welt des Erkennens gleichsam decken. Die Verbundenheit von allem mit allem reflektiert sich in der Fähigkeit des denkenden Erkennens, vom einen zum anderen überzugehen. Nun wird man für dieses Modell – und zwar mit Nachdruck – behaupten können, dass es sich nur durch den Einschluss und die Thematisierung von Negativität aufbaut. Der Rhythmus, durch Negationen vom

einen zum anderen fortzuschreiten, gehört zur Ebene der
Sachverhalte ebenso wie zur Dimension des erkennenden
Geistes. Insofern gilt, dass diese unterschiedenen Seiten gerade durch das Negativitätsverhältnis hindurch zusammen-
gehören. Die höchste Einsicht dieses dialektischen Modells
besteht genau darin, dass der Zusammenhang durch die Negativität hindurch erfasst wird; und die Selbsterfassung des
menschlichen Geistes geht mit der Erfassung der Sachverhalte parallel. Um auch dieses Modell auf das Verhältnis von
Gott und Mensch anzuwenden, muss man sagen: Den Menschen kann man nur begreifen, wenn man Gott als sein
Gegenüber mitdenkt – und auch Gott gewinnt seine ihm
eigene Konkretion nur dann, wenn er auf den Menschen bezogen gedacht wird. Der Ort, an dem beide Verhältnisse zu-
sammentreffen, ist Christus, in dem die göttliche Positivität
sich in die Negativität des Menschseins, vollendet im Tod,
hineinbegibt. Und die Positivität des Menschen erfüllt sich
darin, dass sie an dieser Bewegung von Gott her teilhat. Der
Mensch ist wesentlich er selbst durch sein Sein bei Gott. Man
kann diese Gestalt der Dialektik die *synthetische* nennen,
weil sie die größten denkmöglichen Gegensätze, Gott und
Mensch, durch die Negativität hindurch ineinandergeführt
sieht.

Es gibt aber noch eine dritte Variante der Dialektik, und
von dieser macht Barth Gebrauch. Sie kann *antinomische*
Dialektik heißen. Unter Antinomie ist dabei ein Gegensatz
verstanden, der nicht in eine höhere Einheit aufgehoben werden kann. Aber – warum sollte das nicht möglich sein, wenn
wir doch soeben die enorme Leistungsfähigkeit einer synthetischen Dialektik erkannt haben, auch noch die äußersten Gegensätze zu vermitteln? Man kann eine antinomische Dialektik nur behaupten, wenn die beiden Seiten des Gegensat-

zes, die zueinander ins Verhältnis gesetzt werden, nicht von gleicher Art sind. Sofern es sich um begriffliche Bestimmungen handelt, lassen sie sich dialektisch miteinander vermitteln. Anders verhält es sich, wenn die beiden Seiten des Gegensatzes nicht begrifflich, sondern nur vollzugsförmig miteinander verbunden sind. Was ist damit gemeint? Man kann zur Erläuterung auf ein Moment in dem Modell der synthetischen Dialektik verweisen, das dort immer schon implizit gebraucht wurde, ohne als solches hervorgehoben zu sein, nämlich die Tatsache, dass diese Art von Dialektik tatsächlich funktioniert. Dass man sich der dialektischen Gedankenfiguren bedienen kann, liegt ja auf der Hand; das Tun rechtfertigt die Geltung. Aber ist es wirklich selbstverständlich, dass man vom Tun auf die Geltung schließen kann? Es wird unausdrücklich vorausgesetzt, dass dem Gebrauch der Gedanken die Dynamik schon unterliegt, die für das Zusammenstimmen des Verschiedenen, für die Einheit von Geist und Welt, von Gott und Mensch ausschlaggebend ist. Was geschieht, wenn man diese Selbstverständlichkeit in Frage stellt? Dann taucht ein Problem auf, das man mit einer dialektischen Logik vom synthetischen Typ nicht mehr lösen kann.

In der Philosophie ist dieses Problem etwa bei Johann Gottlieb Fichte, aber auch bei Friedrich Wilhelm Joseph Schelling am Anfang des 19. Jahrhunderts aufgeworfen worden. Barth selbst ist es, auf modifizierte Weise, unter dem Begriff »Ursprung« in der Philosophie seines Marburger Lehrers Hermann Cohen begegnet. Eine antinomische Dialektik kann nur so funktionieren, dass sie die fortlaufenden, nicht ineinander zu überführenden Gegensätze auf einen Ursprung bezieht, der selbst nicht mehr dialektisch verfasst ist, weil sich seine Aktualität, seine Dynamik, der logischen Aufgliederung entzieht.

Genau dieser Gedankenfigur bedient sich Barth. Er tut das aber in einer eigentümlichen Brechung und Steigerung. Sein Typus des dialektischen Weges der Theologie lässt sich in vier Schritten bzw. Merkmalen beschreiben. Der erste Schritt besteht in der Aufstellung der Glieder, die in dem Verhältnis einer antinomischen Dialektik miteinander verbunden sind: der dogmatische Ansatz der Theologie, das begrifflich explizierte Ja auf der einen Seite; der kritische Ansatz, das pragmatisch durchgeführte Nein auf der anderen Seite – und eine »lebendige Mitte« (67), die, offensichtlich selbst der Alternative von Begriff und Durchführung nicht unterworfen, beide Seiten verbindet. Argumentativ fassen lässt sich diese Mitte also nicht; der Blick auf sie wird gewonnen durch den Versuch, »Position und Negation *gegenseitig aufeinander* zu beziehen, Ja am Nein zu verdeutlichen und Nein am Ja, ohne länger als einen Moment in einem starren Ja *oder* Nein zu verharren« (68). Man sieht: Es ist eine rhetorische Strategie, sich durch die Gegensätze zu bewegen, keine logische Zwangsläufigkeit, die den Blick auf die »lebendige Mitte« lenken soll.

Das zweite Merkmal von Barths dialektischem Typus der Theologie besteht darin, dass die aufgezeigte Struktur nun auch nicht nachträglich wieder in eine synthetische Dialektik, in ein System, umgewandelt werden kann. Das wäre ja die Herausforderung für einen klassischen Dialektiker, die aufgebauten Gegensätze doch zu Momenten eines Ganzen herabzustufen; und dieser Versuch ist unvermeidlich dem Gefälle unseres begrifflichen Argumentierens eingeschrieben. Daher rühren dann auch die Versuche seitens der Rezensenten und Kritiker, die Theologie Barths philosophisch gebräuchlichen Modellen zuzuordnen. Marcion und Sebastian Franck (ein Irrtum Barths: vermutlich war der Spiritualist Kaspar von Schwenckfeld gemeint), vor allem aber, und treffender, Schelling werden dort als philosophische Hintergrundsfiguren in Betracht gezogen. Barth lehnt solche Einordnungen mit einem wichtigen Grund ab. Denn auch für Schelling etwa, bei dem allein man unter den Genannten das Modell einer antinomischen Dialektik finden könnte, geht darauf aus, die Abgründigkeit des Ursprungs doch in ein System einzufügen. Dagegen verficht Barth die Absicht, mit seiner Theologie »*Zeugnis* zu sein von der Wahrheit Gottes, die in der Mitte, jenseits von allem Ja und Nein steht.« (70) Es gibt also eine ausgesprochene Selbstbeschränkung auch der dialektischen Theologie: den Verzicht darauf, zum System werden zu wollen – aus der Einsicht heraus, dass es Gott allein überlassen bleiben muss, das Zeugnis zu bewahrheiten und die dialektische Rede zum Erfolg zu führen.

Diese Selbstzurückhaltung aber, das macht das dritte Moment aus, wird getragen von einer positiven hermeneutischen Annahme. Wie soll, wie darf man es sich vorstellen, dass das dialektische Spiel der dialektischen Theologie tatsächlich funktioniert? Dafür kommt eine doppelte Voraussetzung aus einem einheitlichen Grund ins Spiel. Auf der einen Seite ist der Dialektiker darauf angewiesen, »daß ihm auf Seiten seines Unterredners die Frage nach Gott schon *entgegenkommt*«. (70 f.) Und auf der anderen Seite gilt, dass sein Reden »auf einer schwerwiegenden Voraussetzung, nämlich auf der Voraussetzung jener lebendigen, ursprünglichen Wahrheit dort in der Mitte« beruht (71). Es handelt sich also um das allein von Gott bewirkte Zueinander von menschlicher Frage und göttlicher Antwort, die das Verstehen des Wortes Gottes bewirkt, also die Tatsache, dass sich im dialektischen Reden des Theologen tatsächlich ereignet, wovon bejahend (dogmatisch) und verneinend (kritisch) gesprochen wurde. Eben diese implizite doppelte Voraussetzung, die sich aus einem gemeinsamen »Ursprung« (71) speist, ist es, die die Überführung in ein System verhindert. Allerdings muss man, um diesen Gedanken vollends abzustützen, eine weitere Bestimmung mit in den Gedankengang einfügen, nämlich die Überlegung, dass es für diese doppelte Repräsentanz Gottes – auf Seiten der menschlichen Fragen ebenso wie auf Seiten der göttlichen Antwort – keinen anderen Grund gibt als allein Gottes Willen selbst. Gott unterliegt keiner über ihm waltenden Notwendigkeit, sondern folgt nur seiner Selbstbestimmung. Daher ist dann auch das Zusammenstimmen des Verschiedenen, von Ja und Nein, von Frage und Antwort, von der Art, dass es als göttliches Sich-Ereignen zu verstehen ist. Darum gilt: »*wenn* dialektisches Reden sich als bedeutsam und zeugniskräftig erwies ..., dann ... auf Grund dessen, daß in seinem immer eindeutigen und zweideutigen Behaupten die lebendige Wahrheit in der Mitte, die Wirklichkeit Gottes *selbst* sich behauptete« (71 f.). Die Tatsache des Verstehens selbst ist das Faktum, das überhaupt dafür sorgt, dass die Dialektik funktioniert, dass insbesondere der antinomisch-dialektische Gegensatz nicht auseinanderfällt. Dieses Moment der antinomischen Dialektik hängt engstens mit der sprachphilosophischen Akzentuierung der akuten Kommunikation zusammen, die nicht in der Logik des Gedankens aufgeht.

Darin meldet sich die vierte Eigentümlichkeit des dialektischen Weges, nämlich die positive Sinnbestimmung der dialektischen Selbstzurücknahme. Dass der Weg der dialektischen Theologie *abbricht* (72), ist nicht ein haltloses Scheitern, sondern das Innehalten vor der Grenze, von der her die göttliche Wirklichkeit wirkt. Die Theologie tritt angesichts der gelebten Frömmigkeit, wie sie im Erleben des Glaubens, im Hören des Wortes Gottes erfüllt ist, zurück. Sie ist und bleibt unverzichtbar, sofern von diesem Ereignis des Wortes

Gottes auch gesprochen werden muss. Theologie ist aber unfähig, den Übergang zum Glauben zu stiften, welcher in der menschlichen Fraglichkeit die göttliche Antwort vernimmt. Der dialektische Weg weiß um seine dienende Funktion für das lebendige Wort Gottes. Damit lenkt Barth den Blick zurück auf den Ausgangspunkt der *Verkündigung* – und bereitet die Einsicht in den nächsten und letzten Hauptsatz vor: »*Wir sollen Beides,* daß wir von Gott reden sollen und nicht können, *wissen und eben damit Gott die Ehre geben.*« (73).

*Wir sollen … Gott die Ehre geben.*
Der dritte Leitsatz des Vortrags zieht den bündigen Schluss aus dem menschlichen Sollen und Nicht-Vermögen, von Gott konkret, also unter Zurücklassung der objektiven und subjektiven Abstraktion, zu reden. Das Sollen hat es mit der menschlichen Situation zu tun, die man zwar verleugnen, aber nicht loswerden kann. Solange Menschen leben, meldet sich in verschiedenen Lebensfragen die eine große und aporetische Fraglichkeit, die das Menschenleben auszeichnet. Sich auf diese Situation einzustellen, dafür bedarf es aber nicht eines besonderen Mutes, einer außergewöhnlichen Entschlossenheit; die Einstellung ergibt sich schlicht aus dem Beruf des Theologen. Das Nicht-Können, die »sichere *Niederlage aller* Theologie und *aller* Theologen« (75) ergibt sich daraus, »daß von Gott nur Gott *selber* reden« kann (75). Es liegt also nicht an irgendeiner Schwäche menschlicher Worte oder Begriffe, dass Gott unerreichbar scheint. Es hat einzig und allein damit zu tun, dass die Subjektstellung Gottes, sein Dasein als Ursprung, sein Sich-Mitteilen inmitten der Fraglichkeit des Menschen, zu seinem Wesen gehört. Gott selbst begrenzt den Zugriff der menschlichen Rede auf ihn. Er tut das aber nur und genau so, dass er selbst redet, sich also als die

eine überzeugende Antwort in der ansonsten ausweglosen Fraglichkeit des Menschen bemerklich macht.

Mit anderen Worten: Die Theologie, und die dialektische zumal, verweist auf die von Gottes Wort her gelebte Religion, auf die Wirklichkeit des Glaubens. »Gott die Ehre geben« ist eben nicht als bloßer Gedanke real, sondern verlangt eine Lebensbewegung, verlangt nach Religion. Diese Einsicht entlässt drei Schlussfolgerungen von unterschiedlichem Gewicht aus sich. Die *erste* ist eine kirchenpraktische. Es ergeben sich nämlich aus ihr keine kirchenreformerischen Aktivitäten. Das, worum es geht, lässt sich nicht durch eine Organisationsanpassung erreichen. Im Gegenteil: Wer darauf setzt, versucht vermutlich gerade der verheißungsvollen Schwierigkeit auszuweichen, die darin besteht, dem Geschehen des Wortes Gottes standzuhalten.

Man kann aber auch mit guten Gründen auf eine solche organisatorische Betriebsamkeit verzichten. Denn »unsere Bedrängnis ist auch unsre Verheißung« (76). Man kann und muss es wagen, sich auf Sollen und Nicht-Können einzustellen – denn es passiert ja, dass Gottes Wort verstanden wird, dass inmitten der umfassenden menschlichen Fraglichkeit die göttliche Antwort da ist und sie ganz und gar ausfüllt. Das Wort Gottes »hat unsere Schwachheit und Verkehrtheit« ja »angenommen« (76) – und darum ist auch das menschliche Wort Ort des Wortes Gottes. In der humanen Kommunikation, das ist die *zweite* Schlussfolgerung, ereignet sich von Gott her der göttliche Sinn.

Dafür gibt es einen und nur einen Grund, und der heißt Jesus Christus. Mit dieser *dritten* Einsicht kommt Barths Gedanke an sein Ziel; an das Ziel, das zugleich der Ausgangspunkt ist. Denn in dem Namen Jesus Christus überkreuzen sich die argumentativen Linien, mit denen Barth die Theologie vermessen hat. Die göttliche Antwort, das göttliche Ja, geht in die Realität des Menschenlebens ein, in das von Fraglichkeit gezeichnete Nein: Gott wird Mensch – und das ist kein dogmatischer Satz, sondern Wirklichkeit. Der Mensch kommt zu Gott – nicht durch pure Negation, sondern durch Gottes Präsenz im Negativen. Dieses Geschehen ist, von Gottes Seite her, Vollzug und Ausdruck göttlicher Selbstbestimmung. Es ist, von des Menschen Seite betrachtet, Gottes Selbstfestlegung für den Menschen, die unwiderruflich Bestand hat. In der Faktizität des Geschehens steckt die Prinzipialität letzter Wahrheit. Hier ist die Voraussetzung gegeben, die man nicht setzen kann, weil sie schon gesetzt ist. Weil sie von Gott her gesetzt ist, findet Gottes Wort zum Menschen hin. Weil sie für den Menschen da ist, wandelt sich die unbestimmte, ausweglose Fraglichkeit im Menschsein in die definitive Frage nach Gott, die ihre Antwort schon in sich trägt. Genau das, dieses Verstehen und dieser Glaube, geschieht da, wo das Wort Gottes laut wird; man darf hier sogar den Satz umkehren: das Wort Gottes realisiert sich in diesem Glauben und Verstehen.

»Alttestamentlich ... und reformiert« sei sein Vortrag gemeint, merkt Barth am Ende etwas kryptisch an. Alttestamentlich, weil auf die Zukunft der Verheißung noch zu warten ist, auf das Geschehen, in dem das Wort Gottes sich ereignet. Wie aus einer alttestamentlichen Perspektive ist das Warten an der Zeit. Und reformiert geprägt ist Barths Theologie, sofern auch die erfüllte Verheißung nicht zu einer Gewissheit wird, die in ein Haben überzugehen droht, wie er es im Luthertum befürchtet; es bleibt, auf den Menschen gesehen, bei seiner Fraglichkeit – nur dass diese von ihrem Ursprung her verstanden wird und darum das Fragen in der Welt eröffnet und ermöglicht. Noch einmal umkreist Barth gewissermaßen das Wort Gottes als Ereignis, wie es sich ihm als Aufgabe der Theologie aufgedrängt hat.

## 6. Das Wort Gottes als Ereignis und die Zukunft der Theologie Karl Barths

Karl Barths Theologie hat sich, vor dem Hintergrund einer klassischen Ausbildung in der Theologie seiner Zeit, von deren akademischen Engführungen befreit und sich zentral auf die Frage nach dem Ursprung des Glaubens aus dem Geschehen des Wortes Gottes eingestellt. Wilhelm Herrmanns genaues Augenmerk auf den Übergang in den Glauben hat ihm dafür den Sinn geschärft. Es bedurfte aber einer neuerlichen Konzentration auf die Situation der Verkündigung, um die Autonomie des Glaubens (und also die Selbständigkeit der Religion) begründen zu können. Barths Weg in die akademische Theologie war darum immer auch begleitet von einer Wirksamkeit in die Kirche hinein. Die beiden hier versammelten Vorträge legen davon Zeugnis ab. Sie sind nicht die einzigen, denn seit 1922 schloss sich eine ganze Reihe von Einladungen in Pfarrkonferenzen an. Die beiden Aufsatzbände *Das Wort Gottes und die Theologie* von 1924 und *Die Theologie und die Kirche* von 1928 dokumentieren diesen theologischen Einsatz in der und für die Kirche.

Allerdings war es für Barths Zuhörer seinerzeit nicht einfach, die von ihm vorgenommene Wendung der Theologie richtig nachzuvollziehen. Das hatte mit den Rezeptionsmechanismen zu tun, die das theologische Studium vermittelt hatte. Da gab es durchaus eine Spannung zwischen der vorwiegend wissenschaftlich-historischen Arbeit an den Fakultäten und den Anforderungen der praktischen Tätigkeit im

Pfarramt, die sich überwiegend traditioneller Verkündigungs-
muster bediente. Auf dieser Linie wurde Barth einerseits als
akademisch irregulärer Theologe verstanden; die Rezensio-
nen des *Römerbriefs* belegen die Irritation, die das Buch aus-
löste. Auf der anderen Seite schien der verkündigungstheo-
logische Impetus Barths mit einer herkömmlichen Amts-
führung kaum kompatibel, wie sich in Reaktionen auf die
Vorträge zeigte. Zwischen beiden Polen der Rezeption be-
wegte sich eine Schar von Studenten – später auch: Studen-
tinnen – und Pfarrern, die sich Barth mit Begeisterung anschlossen und, ob von ihm gewollt oder nicht, eine »Schule«
bildeten. Das persönliche Charisma Barths wird nicht uner-
heblich dazu beigetragen haben. Ein Widerschein dieser cha-
rismatischen Begabung lässt sich ja schon in der Rhetorik der
hier abgedruckten Vorträge wahrnehmen. Allerdings zeigte
es sich auch in dieser Schülerschaft, dass die amtstheologi-
schen Vorgaben oftmals leitend blieben; dann wurde aus der
dynamischen Wort-Gottes-Theologie Barths eine erneute
offenbarungstheologische Rechtfertigung des herkömmlichen Pfarramtes und seiner eher deklaratorischen Verkündi-
gungsaufgabe.

Barths akademischer Weg führte ihn von der 1921 einge-
nommenen Randstellung in der Göttinger Fakultät im Jahr
1925 nach Münster und dann im Jahr 1930 nach Bonn. Bonn
musste Barth im Jahr 1935 verlassen, als er sich weigerte, den
»Treueid« auf Adolf Hitler abzulegen, welcher den Beamten
abverlangt wurde. Sein Weg führte ihn daraufhin in seine Geburtsstadt Basel zurück, wo er, durchaus ein Fremdling im
Basler Bürgertum, bis zu seinem Tod 1968 eine außerplanmä-
ßige Professur für Systematische Theologie innehatte. Drei-
zehn Jahren an deutschen Fakultäten stehen somit 33 Jahre in
Basel gegenüber.

»Ob die Theologie über die *Prolegomena* zur Christologie
je hinauskommen kann und soll?«, fragt Barth am Ende des
Elgersburger Vortrags und gibt sogleich die Vermutung zur
Antwort: »Es könnte ja auch sein, daß mit den Prolegomenen
*Alles* gesagt ist.« (77) Die Frage und die Aussage sind auf-
schlussreich für die weitere Entwicklung der Theologie
Barths, auch und gerade darin, dass die Formulierungen einer
Klärung bedürfen. »Prolegomena zur Christologie«, das kann
nämlich zweierlei bedeuten. Einerseits kann gemeint sein,
die Rahmenbedingungen anzugeben, die eine Lehre von Jesus
Christus möglich machen. Dazu wäre etwa eine Diskussion
über die Reichweite der historisch-kritischen Methode für
die Wahrnehmung Jesu zu verstehen; oder auch eine Debatte
über die weltanschaulichen Voraussetzungen der altkirch-
lichen Dogmen, insbesondere der sog. Zwei-Naturen-Lehre
über die Person Christi. Das wäre ein eher technischer Gebrauch des Ausdrucks »Prolegomena«. Andererseits und dafür spricht im Gefälle dieses Vortrags mehr – könnte man
»Christologie« nicht als Stück der Dogmatik auffassen, sondern als Chiffre für die lebendige Wirklichkeit Jesu Christi,
wie sie im Glauben gegenwärtig ist. Damit wäre dann die religiöse Aktualität gemeint, die auch das Wort Gottes im bei
Barth unterstellten Sinne meint. Im ersten, dem im engeren
Sinne dogmatischen Verständnis ginge es darum, die ganze
Dogmatik von der Christologie her und auf die Christologie
hin zu konzentrieren: Alles, was zum Christentum gehört,
muss von diesem Ort her, an dem Gott Mensch geworden ist,
verstanden werden. Im zweiten, an der Verkündigung orientierten Sinn bezeichnet der Ausdruck »Prolegomena« das, was
die Theologie als methodische Wissenschaft tun kann, um
den Blick auf die begrifflich nicht zu ergründende Wirklichkeit Jesu Christi selbst zu öffnen. In der Theologie geht es

eben nicht um die Konsistenz von Lehre in einem theoretischen Verständnis, sondern um die Zeugnisfunktion
menschlichen Redens für das Wort Gottes. Man kann die
erste Verständnisweise mit dem dogmatischen, die zweite
mit dem kritischen Weg der Theologie verknüpfen; beide
Aspekte verbinden sich in dem, was Barth den dialektischen
Weg nannte.

In gewisser Weise treffen beide Verständnisweisen des in
sich nicht eindeutigen Ausdrucks »Prolegomena zur Christologie« zu, wenn man die nachfolgende Entwicklung der
Theologie Karl Barths betrachtet. Bereits in den Göttinger
Jahren machte sich Barth an die Ausarbeitung einer »klassischen« Dogmatik, also einer Formulierung des Zusammenhangs christlicher Lehre im Ganzen; seinerzeit noch unter
dem von Calvin geborgten Titel *Unterricht in der christlichen Religion*. In Münster begann Barth mit der *Christlichen Dogmatik im Entwurf,* stellte dieses Unternehmen aber
nach dem ersten Band (1927) wieder ein und widmete sich ab
1932 der *Kirchlichen Dogmatik*; dieses Werk, das bis 1967 auf
13 Bände anwuchs und trotzdem unvollendet blieb, beschäf-
tigte ihn bis zum Ende seiner akademischen Lehrtätigkeit im
Jahr 1962.

Man kann sagen, dass es das an den beiden Verständnisweisen von »Prolegomena zur Christologie« orientierte Problem ist, das Barths Weg durch die Dogmatik steuerte, die –
so oder so – ein dialektisches Unternehmen blieb. Am Anfang,
in der Göttinger Dogmatik-Vorlesung und in der Münstera-
ner Dogmatik, hatte Barth den kritischen Ausgang bei der
menschlichen Fraglichkeit stark gemacht, um von dort aus
die Passgenauigkeit der göttlichen Antwort zu erörtern, die ja
der Sache nach mit der als Aporie präzisierten Frage des Menschenlebens übereinstimmt. Darin drückt sich der Versuch

aus, die Wirklichkeit des Glaubens als Mittelpunkt der Theologie festzuhalten. Im Übergang zur *Kirchlichen Dogmatik*
jedoch erschien Barth diese Deckungsgleichheit zunehmend
fraglich. Darum wandte er sich dem Versuch zu, auch diesen
Aspekt der menschlichen Frage vom Geschehen des Wortes
Gottes aus zu rekonstruieren, sozusagen auf einem dogmatischen Weg. Wie das geschehen soll, davon legt der erste Band
der *Kirchlichen Dogmatik* (KD I/1 und I/2) Zeugnis ab, der die
Lehre vom Wort Gottes enthält. Dabei wird der kommunikative Aspekt der Verkündigung als Ausgangspunkt gesucht,
aber auf seinen Sachgrund in der Offenbarung Jesu Christi
zurückgeführt. Daraus ergibt sich die großartige, bisweilen
aber auch erdrückend redundante Konstruktion einer durch
und durch christologischen Dogmatik. Dass sie trotz ihrer
konstruktiven Strenge den Ansatzpunkt bei der lebendigen
Verkündigung nicht verloren hat, zeigt sich am faktischen
Ende des Werks im letzten Teil der Versöhnungslehre (KD
IV/3), in dem die dogmatische Christologie in die Lehre von
der Selbstverkündigung Jesu Christi übergeht. Damit wird
eingeholt, dass auch der technische Gebrauch der Prolegomena in Wahrheit im Dienst der lebendigen Verkündigung
steht.

Das, was Barth im Elgersburger Vortrag unter dem dialektisch gefassten Wort Gottes verstanden hatte, bleibt der
Schlüssel auch zum Verständnis seiner späteren Theologie.
Von hier aus gelesen, bleibt Barth unser Zeitgenosse, dem es
um die von Gott kommende Selbständigkeit des Glaubens
unter den Bedingungen der Moderne zu tun ist.

# Anhang

# Hinweise zur Weiterarbeit

Die beiden Texte dieses Bandes geben eine anschauliche Einführung in die Theologie Karl Barths, denn sie machen mit
der Grundstellung vertraut, die diese Theologie einnimmt.
Wenn man sich deren thematische Entfaltung erschließen
möchte, empfiehlt sich die Lektüre ausgewählter Stücke aus
der *Kirchlichen Dogmatik*. Wie sich Barth eine Theologie des
Wortes Gottes vorstellt, ergibt sich aus § 4: *Das Wort Gottes in
seiner dreifachen Gestalt* (KD I/1, 89–125; Schriften II, 667–
699). Inwiefern sich in Jesus Christus Gottes Selbstbestimmung
für den Menschen ereignet, erfährt man aus § 33,1: *Jesus
Christus, der Erwählende und der Erwählte* (KD II/2, 101–136;
Schriften II, 784–807). Daß Jesus Christus als menschliches Individuum einen prinzipiellen Sinn besitzt, weil in ihm das
Wort Gottes kulminiert, kann man anhand von § 69,3: *Das
Licht des Lebens* studieren (KD IV/3, 49-152; Auszug in Schriften II, 922– 991).

Barths Theologie ist immer auch politisch und kirchlich
orientiert. Das zeigt sich grundlegend in dem fulminanten
Vortrag *Der Christ in der Gesellschaft* von 1917 (Schriften I,
187–228), dann nach dem Zweiten Weltkrieg in der für die politische Ethik maßgebenden Schrift *Christengemeinde und
Bürgergemeinde* von 1946 (Schriften I, 543–587). Für die kirchliche Situation im Nationalsozialismus ist der Aufsatz *Theologische Existenz heute* von 1933 ein eindrückliches Zeugnis
(Schriften I, 482–523). Die ökumenische Weite einer christolo-
gisch konzentrierten Theologie spricht aus dem Eröffnungs-

vortrag der Amsterdamer Gründungsversammlung des Ökumenischen Rates der Kirchen unter dem Titel *Die Unordnung der Welt und Gottes Heilsplan* von 1948 (Schriften I, 588–599).

Ein Überblick über Leben und Werk findet sich im *Kommentarteil* von Schriften II, 1039–1066.

Den besten Einstieg in weitere Themen der Theologie Barths sowie Einblicke in die Forschungslage gibt das *Barth Handbuch* (hg. v. Michael Beintker, Tübingen 2016).

Eine vorzügliche Kontextualisierung von Barths früherer Theologie bietet Georg Pfleiderer, *Karl Barths praktische Theologie*, Tübingen 2000, 29–136.

Die gleichzeitigen philosophischen Aufbrüche bei Wittgenstein, Cassirer, Benjamin und Heidegger schildert anschaulich Wolfram Eilenberger, *Zeit der Zauberer. Das große Jahrzehnt der Philosophie 1919–1929*, Stuttgart [6]2018.

# Literatur

## Bibliographie

*Bibliographie Karl Barth*, Bd. 1: Verzeichnis der Veröffentlichungen Karl
  Barths. Erarbeitet v. Hans M. Wildi, hg. v. Hans-Anton Drewes,
  Zürich 1984. 977 Einträge.
*Bibliographie Karl Barth*, Bd. 2: Veröffentlichungen über Karl Barth. Teil I:
  A–Z; Teil II: Register. Erarbeitet v. Hans M. Wildi, hg. v. Matthias Ost-
  hof, Zürich 1992. 2 Teilbde, 19910 Einträge.
*Fortlaufende elektronische Bibliographie der Sekundärliteratur zu Karl Barth*:
  http://barth.mediafiler.org/barth/cgi-bin/index.cgi?taal=Duits.

## I Werke Karl Barths

### 1. Die Kirchliche Dogmatik (1932–1967)
Die Kirchliche Dogmatik, Studienausgabe, Komplettausgabe Bde 1–30
  und Registerband. Zürich 1993.

### 2. Karl Barth Gesamtausgabe
Herausgegeben im Auftrag der Karl Barth-Stiftung von Hinrich Stoeve-
  sandt (bis 1998), Hans Anton Drewes (1999–2012) und Peter Zocher (ab
  2013).
Von 1971 bis 2017 sind 54 Bände erschienen; die Ausgabe ist auf 70 Bände
  angelegt.

### 3. Auswahlausgabe
Karl Barth, *Schriften, I. Dialektische Theologie, II. Kirchliche Dogmatik.*
  Hg. und kommentiert von Dietrich Korsch, Frankfurt am Mai 2009.

### 4. Elektronische Ressource
*The Digital Karl Barth Library*, http://solomon.dkbl.alexanderstreet.com/
  (kostenpflichtig).

## II Sekundärliteratur

*1. Einführungen und Gesamtdarstellungen*

Michael Beintker (Hg.), *Barth Handbuch*, Tübingen 2016.

Eberhard Busch, *Die große Leidenschaft. Einführung in die Theologie Karl Barths*, Darmstadt ²2001.

Eberhard Busch, *Karl Barths Lebenslauf. Nach seinen Briefen und autobiographischen Texten*, München 1975 (Zürich ⁶2005 = unveränderte Neuauflage der 5. Auflage Gütersloh 1993)

Jörg Dierken, *Karl Barth (1886–1968)*, in: Friedrich Wilhelm Graf (Hg.), Klassiker der Theologie, Bd. 2, München 2005, S. 223–257.

Dietrich Korsch, *Die Kommunikation des Wortes Gottes. Eine Theologie des 20. Jahrhunderts*, in: Karl Barth, Schriften II, s. o., S. 1039–1066.

*2. Sammelbände*

Michael Beintker, Christian Link, Michael Trowitzsch (Hg.), *Karl Barth in Deutschland (1921–1935). Aufbruch – Klärung – Widerstand*. Beiträge zum Internationalen Symposion vom 1.–4. Mai 2003 in der Johannes a Lasco Bibliothek Emden, Zürich 2005.

Michael Beintker, Christian Link, Michael Trowitzsch (Hg.), *Karl Barth im europäischen Zeitgeschehen (1935–1950). Widerstand – Bewährung – Orientierung*. Beiträge zum Internationalen Symposion vom 1.–4. Mai 2008 in der Johannes a Lasco Bibliothek Emden, Zürich 2010.

Michael Beintker, Georg Plasger, Michael Trowitzsch (Hg.), *Karl Barth als Lehrer der Versöhnung (1950–1968): Vertiefung – Öffnung – Hoffnung*. Beiträge zum Internationalen Symposion vom 1. bis 4. Mai 2014 in der Johannes a Lasco Bibliothek Emden, Zürich 2016.

*3. Ausgewählte Literatur zu einzelnen Themen des Barthschen Werks*

Michael Beintker, *Die Dialektik in der »dialektischen Theologie« Karl Barths. Studien zur Entwicklung der Barthschen Theologie und zur Vorgeschichte der »Kirchlichen Dogmatik«*, Beiträge zur evangelischen Theologie 101, München 1987.

Michael Beintker, *Krisis und Gnade. Gesammelte Studien zu Karl Barth*, hg. v. Stefan Holtmann, Tübingen 2016.

Jörg Dierken, *Glaube und Lehre im modernen Protestantismus. Studien zum Verhältnis von religiösem Vollzug und theologischer Bestimmtheit bei Barth und Bultmann sowie Hegel und Schleiermacher*, Beiträge zur historischen Theologie 92, Tübingen 1996.

Jörg Dierken, *Gerechtfertigte Religion. Karl Barths Religionskritik im Kontext klassisch-moderner Religionskritik,* in: Jörg Dierken, *Selbstbestimmung individueller Freiheit. Religionstheoretische Erkundungen in protestantischer Perspektive,* Tübingen 2005, S. 91–110.

Hermann Fischer, *Protestantische Theologie im 20. Jahrhundert,* Stuttgart 2002, S. 77–96.

Friedrich Wilhelm Graf, Die *»antihistoristische Revolution« in der protestantischen Theologie der zwanziger Jahre,* in: *Vernunft des Glaubens. Wissenschaftliche Theologie und kirchliche Lehre,* hg. v. Jan Rohls und Gunther Wenz, Göttingen 1988, S. 377–405.

Stefan Holtmann, *Karl Barth als Theologe der Neuzeit. Studien zur kritischen Deutung seiner Theologie,* Forschungen zur systematischen und ökumenischen Theologie 118, Göttingen 2007.

Eberhard Jüngel, *Barth-Studien,* Zürich/Köln/Gütersloh 1982.

Dietrich Korsch, *Dialektische Theologie nach Karl Barth,* Tübingen 1996.

Dietrich Korsch, *Ein großes Mißverständnis. Die Rezeptionsgeschichte der eigentlichen »dialektischen Theologie« Karl Barths,* in: Michael Beintker, Christian Link, Michael Trowitzsch (Hg.), *Karl Barth in Deutschland (1921–1935). Aufbruch – Klärung – Widerstand,* Zürich 2005, S. 347–361.

Friedrich-Wilhelm Marquardt, *Theologie und Sozialismus. Das Beispiel Karl Barths,* München ³1985.

Georg Pfleiderer, *Karl Barths praktische Theologie. Zu Genese und Kontext eines paradigmatischen Entwurfs systematischer Theologie im 20. Jahrhundert,* Beiträge zur historischen Theologie 115, Tübingen 2000.

Georg Pfleiderer (Hg.), *Theologie im Umbruch der Moderne. Karl Barths frühe dialektische Theologie,* Christentum und Kultur 15, Zürich 2014.

Trutz Rendtorff (Hg.), *Die Realisierung der Freiheit, Beiträge zur Kritik der Theologie Karl Barths,* Gütersloh 1975.

Trutz Rendtorff, *Radikale Autonomie Gottes. Zum Verständnis der Theologie Karl Barths,* in: Trutz Rendtorff, *Theorie des Christentums,* Gütersloh 1972, S. 161–181.

Jan Rohls, *Credo ut intelligam. Karl Barths theologisches Programm und sein Kontext,* in: *Vernunft des Glaubens. Wissenschaftliche Theologie und kirchliche Lehre,* hg. v. Jan Rohls und Gunther Wenz, Göttingen 1988, S. 406–435.

Hartmut Ruddies, *Karl Barth und die Liberale Theologie. Fallstudien zu einem theologischen Epochenwechsel,* Diss. theol. Göttingen 1994.

Hans Walter Schütte, *Religionskritik als Religionsbegründung*, in: Norbert Schiffers und Hans-Walter Schütte, *Zur Theorie der Religion*, Freiburg u. a. 1973, S. 95–144.

Falk Wagner, *Christologie als exemplarische Theorie des Selbstbewußtseins*, in: Trutz Rendtorff (Hg.), *Die Realisierung der Freiheit, Beiträge zur Kritik der Theologie Karl Barths*, Gütersloh 1975, S. 135–167.

Gunther Wenz, *Zwischen den Zeiten. Einige Bemerkungen zum geschichtlichen Verständnis der theologischen Anfänge Karl Barths*, in: Neue Zeitschrift für Systematische Theologie 28 (1986), S. 284–295.

# Namen

Barth, Fritz (1856–1912), Pfarrer in Reitnau (Aargau), Lehrer an der Predigerschule Basel. Professor für Kirchengeschichte in Bern. Vater Karl Barths. Werke: *Die Hauptprobleme des Lebens Jesu. Eine geschichtliche Untersuchung* 1899. Aus dem Nachlass: *Christus unsere Hoffnung. Sammlung von religiösen Reden und Vorträgen* 1913. (81)

Cohen, Hermann (1842–1918), Professor für Philosophie in Marburg von 1876–1912, danach an der Hochschule für die Wissenschaft des Judentums in Berlin. Mit Paul Natorp Begründer des (Marburger) Neukantianismus, der Kant im Licht der modernen Naturwissenschaft neu deutet. Auch als Religionsphilosoph bedeutend. Philosophischer Lehrer Barths. Hauptwerke unter anderen: *Logik der reinen Erkenntnis* 1902, *Ethik des reinen Willens* 1904, *Ästhetik des reinen Gefühls* 1912, *Der Begriff der Religion im System der Philosophie* 1915, *Die Religion der Vernunft aus den Quellen des Judentums* (postum) 1919. (138. 164)

Feuerbach, Ludwig (1804–1872), Philosoph, Privatgelehrter. Als Schüler Hegels später materialistischer Kritiker des Idealismus. Bedeutender Religionskritiker. Hauptwerk: *Das Wesen des Christentums* 1841. (38. 84)

Fichte, Johann Gottlieb (1762–1814), Philosoph in Jena, ab 1810 in Berlin, einer der Hauptvertreter des Deutschen Idealismus, Verfasser u. a. von *Grundlage der gesamten Wissenschaftslehre* 1794, *Die Bestimmung des Menschen* 1800, *Wissenschaftslehre* 1804. (138)

Frank (Franck), Sebastian (1499–1542 oder 1543), mystisch-spiritualistischer Theologe in Strassburg, Ulm und Basel. Gegen die Autorität der Schrift vertritt Franck die lebendige Geisterfahrung. (69.139)

Gogarten, Friedrich (1887–1967), nach Pfarramt in Thüringen Professor für Systematische Theologie in Breslau, ab 1935 in Göttingen. Weggefährte der »dialektischen Theologie« seit 1919, 1922 Mitbegründer von *Zwischen den Zeiten*. Später wachsende Differenzen zu Barth. Bruch seit der Mitgliedschaft G.s bei den »Deutschen Christen« vom August bis November 1933. Verfasser u. a. *Die religiöse Entscheidung* 1923, *Ich glaube an den dreieinigen Gott* 1926. (11.89 f.164 f.)

Harnack, Adolf von (1851–1930), Professor für Kirchengeschichte in Gießen, Marburg und ab 1888 in Berlin. Aus der Schule Ritschls stammend, war H. die bedeutendste Gestalt der akademischen Theologie um die Jahrhundertwende. Epochale Arbeiten in der Patristik und der Dogmengeschichte. Direktor der Königlichen Bibliothek (ab 1918: Preußischen Staatsbibliothek). Erster Präsident der Kaiser-Wilhelm-Gesellschaft. Zugleich Vertreter eines liberalen, sozialpolitisch offenen Protestantismus. Lehrer Barths in seinem Berliner Studienjahr. Werke unter anderen: *Lehrbuch der Dogmengeschichte* ab 1886 ([8]1991), *Das Wesen des Christentums* 1900 (Neuausgabe Tübingen [2]2007). (81 f. 90.160 ff.164)

Hegel, Georg Wilhelm Friedrich (1770–1831), Philosoph in Jena, Bamberg, Nürnberg, Heidelberg und Berlin, Hauptvertreter des Deutschen Idealismus, Verfasser u. a. von *Phänomenologie des Geistes* 1807, *Wissenschaft der Logik* 1812–1816, *Grundlinien der Philosophie des Rechts* 1821. (136.155.158.160)

Heiler, Friedrich (1892–1967), seit 1920 Religionswissenschaftler und Ökumeniker in Marburg, 1935 wegen Widerstand gegen den »Arierparagraphen« in die Philosophische Fakultät zwangsversetzt, seit 1947 wieder Mitglied der Theologischen Fakultät, Verfasser u. a. von *Das Gebet* 1918, *Der Katholizismus, seine Idee und seine Erscheinung* 1923. (26.46.102)

Herrmann, Wilhelm (1846–1922), Professor für Systematische Theologie in Marburg ab 1879. Aus der Vermittlungstheologie um August Tholuck in Halle kommend, eignete sich H. die Theologie Ritschls an und bildete sie eigenständig fort. An die Stelle der Metaphysik trat die Ethik als Bezugswissenschaft der Theologie. Sowohl Rudolf Bultmann als auch Karl Barth zählten zu seinen Schülern in Marburg. Hauptwerke: *Der Verkehr des Christen mit Gott* 1886, *Ethik* 1901. (13.81 f.91.145.161. 164)

Jacobi, Justus Julius August (1850–1937), ab 1907 Erster Domprediger in Magdeburg und von 1909–1924 Generalsuperintendent des Südwestsprengels der Kirchenprovinz Sachsen. (10.88)

Kähler, Martin (1835–1912), Professor der Theologie in Bonn als Nachfolger Albrecht Ritschls und ab 1878 in Halle. Vertreter einer »positiven« Theologie. Verfasser u. a. von *Die Wissenschaft der christlichen Lehre*

1883, *Der sogenannte historische Jesus und der geschichtliche biblische Christus* 1892. (85)

Kant, Immanuel (1724–1804), Philosoph in Königsberg, der wichtigste deutschsprachige philosophische Autor am Übergang ins 19. Jahrhundert, Verfasser u. a. von *Kritik der reinen Vernunft* 1781, *Kritik der praktischen Vernunft* 1788, *Kritik der Urteilskraft* 1793. (81.131.158)

Kierkegaard, Sören (1813–1855), Philosoph und religiöser Schriftsteller in Kopenhagen, Kritiker des zeitgenössischen Christentums, Verfasser u. a. (zum Teil pseudonym) von *Entweder – Oder* 1843, *Der Begriff Angst* 1844, *Die Krankheit zum Tode* 1849. (11 f.57 f.66.84.127.160)

Kutter, Hermann (1863–1931), Pfarrer am Zürcher Neumünster. Verbindung von Pietismus mit Anschauungen des Idealismus und der Lebensphilosophie zu einem mystisch getönten religiösen Sozialismus. Wichtiger Gesprächspartner Barths und Thurneysens in den dialektischen Anfängen. Werke u. a.: *Das Unmittelbare, eine Menschheitsfrage* 1902; *Sie müssen! Ein offenes Wort an die christliche Gesellschaft* 1904; *Reden an die deutsche Nation* 1916. (87)

Lipsius, Richard Adelbert (1830–1892), Professor für Systematische Theologie in Wien, Kiel und ab 1871 in Jena. Vertreter eines »freien Christentums« und einer im genauen Sinne so zu bezeichnenden »liberalen Theologie«, die Motive Hegels und Schleiermachers mit einer Gegenwartsbedeutung des Christentums zu verbinden trachtet. Einer der Antipoden Ritschls. Hauptwerk: *Lehrbuch der evangelisch-protestantischen Dogmatik* 1876. (89)

Marcion (vor 100–160), gnostischer Theologe, der den Unterschied zwischen dem Gott der Liebe (im Neuen Testament) und dem Schöpfergott der bösen Welt (im Alten Testament) vertritt. Gründung einer eigenen Kirche. Reduktion des Neuen Testaments auf ein Evangelium und zehn Paulus-Briefe. Durch Adolf von Harnacks Monographie (*Marcion. Das Evangelium vom fremden Gott* 1921) als Typus der Theologie erneut in die zeitgenössische Debatte eingeführt. (12.69.90. 139)

Martensen, Hans Lassen (1808–1884), Professor der Theologie in Kopenhagen und ab 1854 Bischof von Seeland, theologischer Lehrer Kierkegaards, der sich später gegen Martensens bürgerliches Christentum wandte. Verfasser u. a. von *Christliche Ethik* 1871–78. (57)

Marx, Karl (1818–1883), Ökonom und Gesellschaftstheoretiker, Protagonist der Arbeiterbewegung, Verfasser u. a. von *Das Kapital* Bd. 1, 1867. (129)

Müller, Johannes (1864-1949), Theologe und Lebensreformer, Bau von Schloss Elmau 1916 als »Freistätte persönlichen Lebens«, schillernder Anhängerkreis. (87.102)

Otto, Rudolf (1869-1937), Professor für Systematische Theologie in Göttingen, Breslau und ab 1917 in Marburg. Entwicklung der Religionsgeschichte als theologische Disziplin in der theologischen Fakultät. Reise- und Sammlungstätigkeit (religiöse Dokumente). Hauptwerk *Das Heilige* 1917 (viele Nachdrucke). (101)

Overbeck, Franz (1837-1905), Professor für Neues Testament und Kirchengeschichte in Basel, Kritiker sowohl der konservativen als auch der liberalen Theologie. Verfasser u. a. von *Über die Christlichkeit unserer heutigen Theologie* 1873, *Christentum und Kultur. Gedanken und Anmerkungen zur modernen Theologie* 1919. (48)

Pfleiderer, Otto (1839-1908), Professor für Systematische Theologie in Berlin. Als Schüler Ferdinand Christian Baurs Repräsentant einer »liberalen Theologie«. Verfasser u. a. von *Religionsphilosophie auf geschichtlicher Grundlage* 1878 *Die Entwicklung des Christentums* 1907. (89)

Rade, Martin (1854-1940), Pfarrer in Frankfurt am Main, seit 1900 Professor für Systematische Theologie in Marburg. Herausgeber des Monatsblatts *Die Christliche Welt*. Zentrale Figur im Kommunikationsnetz des liberalen Protestantismus nach Ritschl. Mit Barth seit seiner Marburger Zeit 1908/09 gut bekannt. (120.164)

Ritschl, Albrecht (1822-1889), Professor für Neues Testament in Bonn und seit 1864 für Dogmatik, Kirchen- und Dogmengeschichte in Göttingen. Der einflussreichste Theologe in der zweiten Hälfte des 19. Jahrhunderts in Deutschland, schulbildend mit seinem Hauptwerk *Die christliche Lehre von der Rechtfertigung und Versöhnung* 1870-1874, Lehrer u. a. Adolf von Harnacks und Wilhelm Herrmanns. Weitere Hauptwerke: *Geschichte des Pietismus* 1880-1886, *Unterricht in der christlichen Religion* 1875. (11.81 -83.89.120.159-161)

Schelling, Friedrich Wilhelm Joseph (1775-1854), Philosoph in Jena, Stuttgart, München und Berlin, Hauptvertreter des Deutschen Idealismus, Verfasser u. a. von *System des transzendentalen Idealismus* 1800, *Philosophie der Offenbarung* 1842, *Philosophie der Mythologie* 1842. (69.138.140)

Schlatter, Adolf (1852-1938), Professor für Neues Testament und Dogmatik in Greifswald und Berlin, seit 1898 in Tübingen. Vertreter einer konservativen (»positiven«), heilsgeschichtlich orientierten und modernitätskritischen Theologie eines »biblischen Realismus«. Einfluss-

reich nicht zuletzt durch Kommentare zum Neuen Testament. Barth
war sein (wenig begeisterter) Student in Tübingen. Werke u. a.: *Die
Theologie des Neuen Testaments* 1909/10, *Das christliche Dogma* 1911,
*Die christliche Ethik* 1914. (81.83.164)

Schleiermacher, Friedrich (1768–1834), Theologe und Philosoph in Halle
und Berlin, die wichtigste Gestalt des deutschen Protestantismus am
Anfang des 19. Jahrhunderts, wichtiger Impulsgeber für Theologie,
Philosophie, Pädagogik, Universitätsreform. Verfasser u. a. von *Über
die Religion* 1799, *Der christliche Glaube* ²1831/32, *Dialektik* 1811/
1814–1815. (57 f.83.85.94.97.111.127 f.155.160.165)

Schwenkfeld (Schwenckfeld), Kaspar (1490–1561), Theologe der Reformation in Strassburg und Tübingen. Spiritualistischer Kritiker der über-
lieferten Christologie und der Abendmahlslehre Luthers. (139)

Seeberg, Reinhold (1859–1935), Professor der Theologie in Erlangen und
Berlin, Exponent der positiv-kirchlichen Richtung und Gegenspieler
von Ernst Troeltsch und Adolf von Harnack, Verfasser u. a. von *Lehrbuch der Dogmengeschichte* 1895–1920, *Die Grundwahrheiten der
christlichen Religion* 1902. (89)

Spinoza, Baruch (1632–1677), Philosoph in den Niederlanden, Rationalist
und Begründer der Bibelkritik, Verfasser u. a. von *Tractatus theologi-
co-politicus* 1670, *Ethik* 1677. (107 f.)

Tersteegen, Gerhard (1697–1769), Laienprediger, Schriftsteller, Mystiker
des reformierten Pietismus, Liederdichter, u. a. *Geistliches Blumen-
Gärtlein Inniger Seelen* 1729. (19.95)

Thurneysen, Eduard (1888–1977), Pfarrer in Leutwil und am Münster in
Basel, seit 1930 Privatdozent, seit 1941 Professor für Praktische Theologie in Basel. Lebenslanger Freund und Mitstreiter Barths. Sympa-
thien für den religiösen Sozialismus. Mitbegründer von *Zwischen den
Zeiten*. Schwerpunkt in der Praktischen Theologie ist die Lehre von
der Seelsorge. Verfasser u. a. von *Die Lehre von der Seelsorge* 1948.
(11.89.160.164 f.)

Troeltsch, Ernst (1865–1923), nach Privatdozentur in Göttingen und Extra-
ordinariat in Bonn seit 1894 Professor für Systematische Theologie in
Heidelberg, Professor für Philosophie in Berlin seit 1915, einflussreich
als Theologie- und Religionsgeschichtler, führender systematischer
Vertreter der »Religionsgeschichtlichen Schule«, Verfasser u. a. von
*Die Soziallehren der christlichen Kirchen und Gruppen* 1912, *Der Historismus und seine Probleme* 1922. (82 f.89.126.162)

Zinzendorf, Nikolaus von (1700–1760), Theologe, Gründer der Herrnhuter Brüdergemeine, einer der großen Theologen des Pietismus, Prediger und Missionar, Verfasser vieler religiöser Schriften und Lieder. (89)

# Zeittafel zu Leben und Werk

1886     Karl Barth wird am 10. Mai in Basel als ältestes von fünf Kindern geboren. Eltern: Der Dozent für Theologie und spätere Professor für Kirchengeschichte in Bern, Dr. Friedrich Barth, und Anna Barth, geb. Sartorius.

1889–1904     Kindheit und Jugend in Bern.

1904–1908     Studium der Theologie in Bern (1904–1906), Berlin (1906–1907) bei Adolf von Harnack, Julius Kaftan und Hermann Gunkel, Bern (1907), Tübingen (1907–1908) bei Theodor Haering und Adolf Schlatter (Bekanntschaft mit Christoph Blumhardt in Bad Boll) und Marburg (1908–1909) bei Wilhelm Herrmann, Studium der Philosophie bei Hermann Cohen und Paul Natorp. Beginn der Freundschaft mit Eduard Thurneysen. Bekanntschaft mit Rudolf Bultmann.

1908     Oktober: Erstes Theologisches Examen in der Schweiz.

1908–1909     Redaktionsassistent der liberalprotestantischen Zeitschrift *Die Christliche Welt* bei Martin Rade in Marburg.

1909–1911     Hilfsprediger in der deutschsprachigen reformierten Gemeinde in Genf.

1911–1921     Pfarrer in Safenwil, Kanton Aargau. Mitarbeit in der Safenwiler Arbeiterbewegung.

1913     Heirat mit Nelly Hoffmann, geb. 1893.

1914     Geburt der Tochter Franziska.

1915     Eintritt in die Sozialdemokratische Partei der Schweiz.

1915     Geburt des Sohnes Markus. Bekanntschaft mit den Führern des Religiösen Sozialismus in der Schweiz, Hermann Kutter und Leonhard Ragaz.

1917     Geburt des Sohnes Christoph.

1919     Auftritt auf der religiös-sozialen Konferenz in Tambach (Thüringen): Vortrag *Der Christ in der Gesellschaft*. Bekanntschaft mit Friedrich Gogarten.

1919     *Der Römerbrief.*

1920    Bekanntschaft mit Georg Merz in München.

1921    Geburt des Sohnes Matthias.

1921–1925 Honorarprofessor für Reformierte Theologie an der Theologischen Fakultät der Universität Göttingen.

1922    Ehrendoktor der Universität Münster (1939 von den Nationalsozialisten aberkannt, 1946 erneut verliehen).

1922    Gründung der Zeitschrift *Zwischen den Zeiten* mit Friedrich Gogarten, Eduard Thurneysen und Georg Merz.

1922    *Der Römerbrief* (2. Fassung). Vorlesungen unter anderem über Calvin (1922), Zwingli (1922/23), Schleiermacher (1923/24). Beginn der Dogmatik-Vorlesung »Unterricht in der christlichen Religion« (ab Sommersemester 1924). Exegetische Kollegs.

1924    *Das Wort Gottes und die Theologie, Gesammelte Vorträge* [Bd. 1].

1924    Bekanntschaft mit Charlotte von Kirschbaum.

1925    Geburt des Sohnes Hans Jakob.

1925–1930 Professor für Dogmatik und Neutestamentliche Exegese an der Evangelisch-theologischen Fakultät der Universität Münster. Vorlesung über Ethik. Dazu exegetische Kollegs. Begegnungen mit der katholischen Theologie. Zusammenarbeit mit dem Philosophen Heinrich Scholz.

1927    *Die christliche Dogmatik im Entwurf, Bd. I: Prolegomena.*

1928    *Die Theologie und die Kirche, Gesammelte Vorträge, Bd. 2.*

1930    Ehrendoktor der Universität Glasgow.

1930–1935 Professor für Systematische Theologie an der Evangelisch-theologischen Fakultät der Universität Bonn.

1931    Eintritt in die SPD.

ab 1931/32 Beginn der Vorlesungen über die Kirchliche Dogmatik. Lehrtätigkeit auch in der Exegese und in der Praktischen Theologie.

1931    *Fides quaerens intellectum. Anselms Beweis der Existenz Gottes im Zusammenhang seines theologischen Programms.*

1932    *Die Kirchliche Dogmatik I/1, Die Lehre vom Wort Gottes (Prolegomena zur Kirchlichen Dogmatik),* 1. Halbband. Führende Rolle im Deutschen Kirchenkampf ab 1933.

1933    *Theologische Existenz heute!*

1934    31. Mai: *Barmer Theologische Erklärung.*

1934    November: Verweigerung des »Treueids« gegenüber Hitler, daraufhin Lehrverbot und Dienstentlassung Dezember 1934. Im Juni 1935 Versetzung in den Ruhestand.

1935–1968  (außerplanmäßiger) Professor für Systematische Theologie an der Theologischen Fakultät der Universität Basel. Fortsetzung der *Kirchlichen Dogmatik*, zahlreiche Engagements in der kirchlichen Öffentlichkeit Europas und in der Ökumene, profilierte politische Ethik.

1936  Ehrendoktor der Universität Utrecht.

1938  *Die Kirchliche Dogmatik I/2 Die Lehre vom Wort Gottes (Prolegomena zur Kirchlichen Dogmatik)*, 2. Halbband.

1937  Ehrendoktor der Universität St. Andrews.

1938  Brief an den tschechischen Theologien Josef Hromádka mit Aufforderung zum bewaffneten Widerstand gegen Hitler (ähnliche Aufforderungen auch 1939 an Frankreich, die Niederlande, Großbritannien, Norwegen und die USA). Publikationsverbot in Deutschland.

1938  Ehrendoktor der Universität Oxford.

1940  *Die Kirchliche Dogmatik II/1, Die Lehre von Gott*, 1. Halbband.

1942  *Die Kirchliche Dogmatik II/2 Die Lehre von Gott*, 2. Halbband.

1945  Unterstützung der Bewegung »Freies Deutschland« in Schweiz.

1945  Nach Kriegsende erste Reise nach Deutschland, Teilnahme an den ersten Sitzungen des Bruderrates der Bekennenden Kirche und der Gründungsversammlung der Evangelischen Kirche in Deutschland in Treysa.

1946–1947  Gastprofessor für zwei Semester an der Universität Bonn.

1947  *Die Kirchliche Dogmatik III/1, Die Lehre von der Schöpfung*, 1. Teil.

1947  *Dogmatik im Grundriß.*

1948  Ungarnreise: *Die christliche Gemeinde im Wechsel der Staatsordnungen.*

1948  Eröffnungsrede auf der Weltkirchenkonferenz in Amsterdam *Die Unordnung der Welt und Gottes Heilsplan.*

1948  *Die Kirchliche Dogmatik III/2 Die Lehre von der Schöpfung*, 2. Teil.

1949–1951  Politische Kontroversen über Barths Vorschlag eines »dritten Weges« zwischen Kapitalismus und Kommunismus.

1950  *Die Kirchliche Dogmatik III/3 Die Lehre von der Schöpfung*, 3. Teil.

1951  *Die Kirchliche Dogmatik IV/4 Die Lehre von der Schöpfung*, 4. Teil.

1953    *Die Kirchliche Dogmatik IV/1 Die Lehre von der Versöhnung*, 1. Teil.

1954    Ehrendoktor der Universität Budapest.

1955    *Die Kirchliche Dogmatik IV/2 Die Lehre von der Versöhnung*, 2. Teil.

1956    Ehrendoktor der Universität Edinburgh.

1957    *Theologische Fragen und Antworten, Gesammelte Vorträge*, Bd. 3.

1958    Eintreten Barths gegen die Atombewaffnung.

1959    Ehrendoktor der Universität Genf.

1959    Ehrendoktor der Universität Straßburg.

1959    *Die Kirchliche Dogmatik IV/3, 1 und 2 Die Lehre von der Versöhnung*, 3. Teil.

1962    Letzte Vorlesung in Basel. *Einführung in die evangelische Theologie*.

1962    Reise in die USA.

1962    Ehrendoktor der Universität Chicago.

1963    Ehrendoktor der Universität Paris.

1966    Ehrensenator der Universität Bonn.

1966    Reise nach Rom.

1967    *Die Kirchliche Dogmatik IV/4 Die Lehre von der Versöhnung*, 4. Teil (Fragment).

1968    Sigmund-Freud-Preis für wissenschaftliche Prosa der Akademie für Sprache und Dichtung in Darmstadt.

1968    10. Dezember : Karl Barth stirbt in Basel.

Ingolf U. Dalferth

**God first**

Die reformatorische
Revolution der christlichen
Denkungsart

304 Seiten | Paperback
ISBN 978-3-374-05652-1
EUR 28,00 [D]

Die Reformation war nicht nur ein historisches Ereignis
mit weltweiter Wirkung, sondern eine spirituelle Revolution. Ihre Triebkraft war die befreiende Entdeckung, dass
Gott seiner Schöpfung bedingungslos als Kraft der Veränderung zum Guten gegenwärtig ist. Gott allein ist der Erste, alles andere das Zweite. Das führte existenziell zu einer
Neuausrichtung des ganzen Lebens an Gottes Gegenwart
und theologisch zu einer grundlegenden Umgestaltung
der traditionellen religiösen Denksysteme.

**EVANGELISCHE VERLAGSANSTALT**
**Leipzig** www.eva-leipzig.de

Tel +49 (0) 341/ 7 11 41 -44    shop@eva-leipzig.de